You Aren't
What You Eat

스티븐 풀 지음 | 정서진 옮김

미식 쇼쇼쇼

가식의 식탁에서 허영을 먹는
음식문화 파헤치기

따비

일러두기

* 단행본, 신문, 잡지의 제목은 《 》로, 텔레비전 프로그램, 영화의 제목은 〈 〉로 표시했다.
* 레스토랑, 식품점의 이름은 주인의 이름과 구별하기 위해 ' '로 표시했다.
* 지은이의 해설은 원서와 마찬가지로 본문 속 ( )에 넣었다.
* 옮긴이의 주석 가운데 짧은 설명은 본문에 [ ]로, 나머지는 각주로 넣었다.
* 이해를 돕기 위해 원어 병기를 한 경우 말고는, '번역어-원어'는 책 뒤에 따로 정리해 실었다.
* 1200원/달러, 1300원/유로, 1800원/파운드 환율 기준으로 한화 표시를 달아 이해를 도왔다.

"그러나 누군가는
우리처럼 요리를 하거나 음식에 관해
글을 쓰고 이야기하는 사람들이
'지랄'을 부린다고
(정기적으로) 일러 주어야 한다."

앤서니 보댕, 《미디엄 로Medium Raw》

"동료 시민들이여,
배와 언쟁을 벌이는 것은 어려운 문제라오.
배에는 귀가 없으니."

마르쿠스 포르키우스 카토(추정)

CONTENTS

서문 :
푸드 레이브[i]

어느 서늘한 가을 저녁, 북런던의 한 거리. 로티세리[회전식 구이 기구] 트레일러가 정원이 딸린 저층 아파트 앞에 주차되어 있고, 초록색 꼬마 전구들이 깜빡이고 있다. 일대에 닭고기 익는 냄새가 가득하다. 서른 살쯤 된 힙스터[ii] 한 명이 천천히 걸어오더니 나와 내 친구가 서 있는 보도에 멈춰 선다. 그는 안에서 벌어지는 행사에서 별다른 인상을 받지 못했다고 느릿느릿 평을 늘어놓는다. "내 생각엔 아란치니스[arancinis, 속을 채운 시칠리아 스타일의 주먹밥 튀김]의 양념이 충분히 강하지 않아요." 그는 전에 다 먹어 봤다는 듯 우리에게 알려 준다. "좀 더 풍미를 내도 좋을 텐데. 이국적인 느낌이 없어요." 난 지금 당장 대체 '아란치니스'가 뭔지(파니니[iii]처럼 아란치니가 이탈리아어의 복수형 단어인 것인지) 전혀 알지 못하면서도 그의 생각을 휴대폰에 입력하며 다 안다는 듯 고

---

i food rave. 레이브는 영국에서 시작된 광란의 파티로, 수로 옥외나 빈 건물에 내키는대로 모여 춤을 춘다. 여기서 이름을 따온 '푸드 레이브'는 영국에서 열리는 일종의 음식 페스티벌이다.
ii hipster. 대중적인 주류 문화를 따라가는 대신 잘 알려지지 않은 문화에 관심을 갖는 부류.
iii panini. 이탈리아식 샌드위치인 파니노panino의 복수형.

개를 끄덕인다. 내 친구는 그가 계속 말하게 내버려 둔다. "한국식 버거는 꽤 괜찮더군요." 김치를 먹은 에너지로 솟아난 열의도 없이 그는 말을 이어 간다. "하지만 에지 있게 격식을 갖추고 음식을 만드는 이들은 별로 없어요. …… 길 한복판에서 음식을 준비하는 느낌이랄까요." 25년 전의 그는 뮤직 차트에 오르는 음악의 몰개성을 개탄하는 인디 록 팬이었을 것이다. 이제 그는 사람들과 어울리는 자리에서만 담배를 피우고, 푸드 레이브에서 미식가연하며 평을 하고 있다.

나는 온라인 광고를 통해 푸드 레이브를 알게 되었는데, 꼭 참석해야만 한다는 직감이 왔다. 먼저 근처 펍에서 친구를 만나 비터 맥주[에일 맥주의 한 종류] 두어 파인트[0.57리터/pt]를 마시며, 우리가 야광봉을 가져왔어야 하는지, 혹은 그곳에 가면 록 밴드 '해피 먼데이스'의 댄서 겸 마스코트인 베즈가 늘 가지고 나오는 마라카스[양손으로 흔드는 리듬 악기] 대신 닭다릿살 꼬치를 흔들며 닭고기 육즙으로 번들번들한 턱을 한 채 맛의 무아지경에 빠져서, 들리지도 않는 사운드트랙에 맞춰 멀지도 가깝지도 않은 곳을 응시하며 몸을 실룩대는 모습과 마주치지는 않을지 열띤 대화를 나눴다.

'푸드 레이브'는 현대의 문화에 비춰 볼 때 참으로 적절하게 잘 지은 이름임을 이 책을 쓰는 과정에서 깨달았다. 오늘날 유일하게도 음식만이 광적인 집착에 가까울 정도로 마음껏 빠져도 사회로부터 지탄받을 일 없이 섭취 가능한 물질로 남아 있기 때문이다. 록 밴드 '블러'의 베이시스트에서 《선》의 음식 관련 칼럼니스트이자 치즈 생산자로 변신

한 알렉스 제임스는 이렇게 말한 바 있다. "내 스무 번째 생일은 술 빼면 아무것도 아니었고, 서른 번째 생일에는 마약이 전부였다. 이제 사십 대인 내게 가장 중요한 것은 음식임을 깨닫게 되었다."[1] 알렉스 제임스만 이런 게 아니다. 곱게 나이 들고 있는 음식 애호가들의 쾌락의 신전에서 음식은 마약을 대신하고 있으며, 약물과 관련된 옛 어휘까지 가져오고 있다. 일례로, 요리나 소스 얘기를 하면서 그게 마리화나나 마리화나용 물파이프라도 되는 듯, 한 그릇 '때리자(take a 'hit')'라고 말한다거나, 수렵·채집인 방식에 젖어 사는 음식 강박증 환자는 음침한 캠던 스트리트 구석에서 수상하게 생긴 남자에게서 구입하기라도 한 듯 버섯 몇 개를 '손에 넣었다score'[i]고 감격한다. (법적으로 뭔가 의심스런 분위기를 풍기는 게 매력이기도 한 발칙한 제이미 올리버[영국의 스타 요리사]는 그런 틈을 파고들어, 파이 가게에 잠입해서는 "옛날식 파이 맛의 비결을 손에 넣는다.")[2] 음식은 향정신성 쾌감rush 때문에 가치 있게 여겨지고, 나이젤라 로슨[영국의 유명 요리 작가 및 방송인]은 소금 캐러멜을 'A급 식품'[ii]이라 부른다.[3] 그렇다! 음식은 브릿 팝[1990년대 유행한 영국 팝] 음악인과 엑스터시 세대에게 새로운 마약, 즉 더 안전하면서도 남부끄럽지 않은 쾌락의 수단이자 편안하게 길들여진 도취로 향하는 열쇠인 것이다.

푸드 레이브에 도착한 우리가 약간 출출함을 느끼며 좁은 현관을 통과해 복도를 지나 뜰에 들어서자, 빼곡하게 들어선 영국의 식품 생

i 'score'에는 속어로 마약을 손에 넣었다는 뜻이 있다.
ii 마약을 그 강도에 따라 A~C급으로 분류하는 데서 따온 표현.

산자들이 한 150명쯤 되는 젊은 축에 속하는 배고픈 손님들에게 싹싹한 태도로 이런저런 먹거리를 팔고 있다. 사람들은 사슴 고기 버거, '모리셔스 길거리 음식', 이탈리아 소시지, 그리고 한국식 버거를 요리해 파는 천막 가판대들을 따라 모여 있는 인파를 헤치며 느릿느릿 걷는다. 한국식 버거 가판대에서 동료가 요리하는 동안 해설해 주던 스코틀랜드인은 그들만의 특별 재료인 매운 양념으로 배추를 버무린 김치가 "세계 5대 건강 음식 중 하나"라고 말해 준다.

또한, 손님들에게 피클을 추가로 넣어 "풍미를 돋우라."고 권유하는 '라클렛raclett(sic[원문 그대로]ⁱ) 샌드위치' 가판대가 있는가 하면, '아르티장[artisan, 장인匠人]' 초콜릿 바(크기가 5cm×8cm쯤 되는 것으로, 내 보기에는 기존 초콜릿 바의 반 정도밖에 안 되는데 4파운드[7200원]나 받는다.)를 선보이는 판매대도 있다. 한쪽에선 심각한 표정의 사람들이 모여 다양한 종류의 올리브유를 빵 조각에 찍어 맛보고 있고, 어떤 부부는 다정하게 처음으로 굴을 먹어 보았다(여자는 맛있어하지만 남자는 싫어했다). 그리고 고맙게도 한 쾌활한 사내가 맛이 기가 막힌 생맥주를 팔고 있다. 실내에서는 빵을 만들고 있고, 주방에서는 요리 '시연'이 펼쳐지고 있으며, 거실에는 푸딩과 케이크가 준비되어 있다. 연철 발코니에서는 연주자들이 어쿠스틱 포크 음악을 감미롭게 연주 중이다. 전체를 통틀어 레이브답게 가장 요란한 캐릭터는 헤드 랜턴을 쓴 채 요리판 위에 제물처

---

i sic는 라틴어로, 인용하는 단어에 철자나 다른 오류가 있을 경우, 그것을 알지만 원문 그대로임을 나타내려고 쓰는 표현이다. 이 단어의 경우, 맞는 표기는 "raclette"이다.

럼 놓인 거대한 연어 토막 위로 칼날을 세우고 있는 남자이다.

불법적인 것에서 오는 흥분의 느낌을 부러 풍기려고 '푸드 레이브'라는 이름을 사용했는데도, 제법 유쾌한 이 행사에는 '지하'에서 벌어지는 비밀스러운 건 거의 없다. 주최자는 틀림없이 주류 판매 허가를 받았을 테고, 한 남자는 방송용에 버금가는 비디오카메라를 들고, 먹느라 정신없는 인파를 찍으며 돌아다닌다. 밤에 음식을 판다는 것만 다를 뿐 괜찮은 길거리 음식 시장의 축소판이나 다름없고, 어떤 면에서는 개고기나 원숭이 골 요리로 대표되는 아주 혐오스런 금지 식품이라든지 엽기적인 먹거리를 볼 수 없다는 것에 실망스럽기까지 하다. 이런 것쯤은 있어야 행사에서 금지된 기쁨을 느껴 볼 텐데 말이다.

한쪽에서는 울긋불긋한 옷을 입은 여자가 홀의 작은 테이블 앞에 앉아 타로 카드로 점을 봐 주는 기이한 장면을 연출하고 있다. 내가 그녀를 발견한 것은 그 작은 테이블 위에 맥주를 잠깐 놓으려던 순간이었는데, 그녀의 해석에 따르면 그건 카드들이 격하게 금하는 행동이란다. 얼마 후 우리가 거리로 나오니, 무슨 우연인지 음식에 대해 평을 늘어놓는 그 힙스터가 말하길, 자기 여자 친구가 안에서 타로 점을 쳐 주고 있단다. "걔가 타로 카드로 점을 보다니 참 재밌어요. 왜냐면 저도 타로 카드를 해석하거든요." 자기가 공중 부양을 한다고 말하고 싶은 사람이 쓸 법한 말투로 그는 일부러 흘리듯 말한다. 경건한 침묵의 시간이 흐르자 내 친구가 얼른 수습에 나선다. 그게 어

떻게…… 친구가 묻는다. "그냥 되는 거죠. 제게 그런 재능이 있어서
요." 힙스터는 대수롭지 않다는 듯 말한다. "저도 이해는 안 돼요. 뭐
제가 과학자도 아니고." 가까이에 과학자라도 있다면 타로 카드를 해
석하는 그의 능력을 이해해 줄 거라 생각하다니 순진하다 못해 귀엽
기까지 하다. 그래 봤자 현대 힙스터에게 영향을 끼친 뉴에이지 사상
을 입심 좋게 갖다 붙여 자극적이지 않게 희석한 환술인 걸 알지만,
그래도 여전히 이상하다. 타로 카드 같은 게 밀교적인 먹거리 축제의
축소판에 난데없이 등장하다니 말이다. 하지만 이 또한 음식에 더욱
집착하는 사람일수록 온갖 터무니없는 미신을 믿는 경향이 강하다는
일반적인 사례일 뿐이라는 확신이 든다.

그 힙스터가 여자 친구와 함께 "건초로 양 한 마리를 통째로 요리하
려다가 건초에 불이 붙어 양고기가 전부 다 타 버려 재가 되고 말았어
요."라는 이야기로 넘어갔을 때쯤, 점점 살맛이 떨어지고 만다. 마침내
우리가 간신히 정원으로 돌아오고 보니, 저쪽 끝에서 친절한 바텐더가
가장 맛 좋은 칵테일을 나눠 주고 있다. 레이브를 계속 이어 가자.

당신이 먹은 음식이
곧 당신은 아니다

01

*You Aren't
What You Eat*

서구의 산업 문명은 스스로를 집어삼키며 어리석어지고 있다. '음식의 시대'에 살고 있는 것이다. 요리 프로그램이 텔레비전 편성표에 넘쳐나고, 요리책이 서점 판매대를 짓누르며, 유명 요리사들은 자신이 만든 기이한 민스 파이[i](헤스턴 블루먼솔)나 청동틀로 만든 파스타(제이미 올리버)에 상표를 붙여 슈퍼마켓에서 팔아 댄다. 그리고 시카고에서 코펜하겐에 이르기까지 엄청나게 비싼 레스토랑의 요리사들은 진지한 잡지와 신문의 인물 섹션에서 마치 성인聖人이라도 되는 듯 소개된다. 음식 축제는(굳이 '축제'라고 하자면), 음, 그러니까 요리하는 모습을 전율 넘치는 라이브 공연으로 보여 주는 새로운 록 페스티벌이다. 제이미 올리버가 출연한 무대를 목격했다는 이는 기가 막힌다는 듯 현장의 분위기를 이렇게 전한다. "앞에 있던 여자애들은(여자 관객이 압도적이었다.) 이미 아이폰을 들고 있고 …… 내 앞에 한 무리는 '오마이갓 오마

---

i mince pie. 말린 과일, 양념 등을 섞어 놓은 mincemeat를 넣어 만든 작은 파이로, 영국에서는 크리스마스 때 먹고는 한다.

이갓 오마이갓'을 연발한다. …… 실신 직전의 여자애는 '사랑해요, 제이미!'라고 소리친다."[1]

텔레비전에서나 코앞에서 요리하는 걸 보지 못했더라도, 적어도 요리에 대한 글은 읽어 봤을 것이다. 인터넷의 광대한 공간을 푸드 블로거들이 장악해 세련된 스타일의 노점이나 동경의 대상인 레스토랑에서 먹어 본 음식 사진을 올리고, 자극적인 효과를 내고자 성적인 표현까지 써 가며 끝없이 스크롤을 내려야 하는 기나긴 찬가를 써 놓는다. 2011년도 '북스캔' 데이터에 따르면, 영국의 서적 판매량은 '음식'(26.2퍼센트 상승)과 그 뒤를 이은 '종교'(13퍼센트 상승) 분야를 제외하면 거의 모든 문학 장르에서 하락했다.(1990년 이전만 해도 도서 분야에 '음식'은 포함되지도 않았다.)[2] 음식과 종교 분야만이 판매 하락세를 거스른 것은 우연의 일치가 아니다. 현대의 음식 관련 책은 요리에 대한 열망을 채워 주기보다는 형이상학적이거나 라이프 스타일 관련한 열망을 충족하려 존재하고, 유명 요리사들이야말로 이 시대의 정신적 지도자이기 때문이다. 현대 문화에서 음식에 관한 화려한 미사여구와 이미지는 영양이나 환경에 대한 합당한 관심사와 단절된 채 영성주의의 대용품이 되었다. 우리는 더 이상 정치인이나 종교인을 믿지 않는다. 이제 요리사들이 이 두 역할을 해 주리라 기대한다.

그러니 다른 분야에서 성공한 수많은 사람이 음식으로 유명해지고 싶어 하는 것도 놀랄 일은 아니다. 모델(소피 달, 로레인 파스칼)과 영화배우(귀네스 팰트로)가 요리책을 쓰고 음식 블로그를 운영한다. 프랜시스

포드 코폴라[영화감독]와 존 본 조비[록 스타]는 레스토랑을 열었다. 모두가 음식에 미쳐 있으니 요리사(궁극의 음식 권위자)는 선망의 대상이다. 게다가 돈벌이가 안 되는 것도 아니다. 미국 텔레비전 음식업계의 여왕인 레이철 레이는 한 해에 대략 1800만 달러[216억 원]를 벌어들인다.[3] 전 매체를 아울러 세계를 제패하려는 요리사의 욕망이 도를 넘을 때도 있다. 2011년 여름, 고든 램지가 출연한 음식을 소재로 한 로맨틱 코미디 영화 〈사랑의 주방〉은 영국에서 개봉 첫 주에 실망스럽게도 총 121파운드[22만 원]밖에 안 되는 수익을 올렸다. 런던에 있는 '고든 램지 레스토랑'의 요리 하나 가격에 해당하는 수익이다.[4] 그래도 슈퍼마켓 홍보, 유명 레스토랑 체인, 홍보 기사 남발 등 모든 수단을 동원해 현대적인 셰프 고든 램지는 적어도 자기 밥그릇은 챙길 수 있었을 것이다. 또한, 요즘에는 터퍼웨어 파티[i]의 현대판이라 할 만한 제이미 앳 홈 파티라는 게 있다. 제이미 앳 홈 파티라고 해서 실제로 제이미 올리버가 집에 오는 것은 아니다. 대신, 친구라는 자(혹은 그런 '파티'에 다녀와 충격을 받은 이한테 듣기로는 친구의 지인에 가까운 자)가 와서는 제이미 올리버 상표가 붙은 요리 도구 세트를 판매한다.

오늘날에는 "초콜릿 무스야말로 내게 가장 강렬한 느낌으로 남아 있어요."[5]라든가, 페란 아드리아가 운영하는 레스토랑 '엘 불리'에서 지난밤 저명인사들에 둘러싸여 만찬을 먹은 뒤 "눈물을 흘렸다."[6]라

i 식품 저장용 플라스틱 용기인 터퍼웨어를 팔기 위해 회사에서 열던 파티로, 일종의 마케팅 전략.

고 공개적으로 밝힌다고 해서 심각한 정신적 혼란 상태의 징후라고 생각하지 않는다. 오히려 모임에서 음식에 관해 고문에 가까울 정도로 상세하게 대화를 이어 나가지 못하는 것이 '야후'[i]라는 증거이다. 음식은 (무언가를 아주 많이 좋아한다는 뜻의 '열정'으로 퇴색한 현대적인 의미에서) 안전한 '열정'의 대상일 뿐만 아니라, 의무감으로라도 열정을 쏟아야 할 대상이 되었다. 1980년대에 현대적인 '푸디foodie'의 두 선구자는 "음미되지 않는 음식은 먹을 가치가 없다."[ii]라고 썼다.[7] 대단히 영리하게도 노스텍사스 대학교 철학과는 2011년 '음식 철학 프로젝트'를 선포했는데, 틀림없이 문화의 판세를 간파해 음식에 강박을 지닌 현대인이 다른 주제를 숙고하도록 유도하려는 의도였을 것이다.[8] 물론 당연히 음식이 됐든 뭐가 됐든 철학적으로 숙고해 볼 수 있겠으나, 주류의 미식 문화에서 일어나고 있는 일은 아니다.

이 모든 것의 끝은 과연 어디일까? 게걸스러운 대식가들이 탐욕스러운 목적을 위해 아직 장악하지 못한 통신이나 오락, 친교 매체가 남아 있기는 한가? 오늘날 문화에서 드러나는 "음식을 향한 광기"는 뒤집어 보면 《뉴욕 타임스》의 칼럼니스트 프랭크 리치가 제시한 대로 "음식 관련 정신병"인가?[9] 이래도 입에 넣는 것보다 우리 정신 속에 주입하는 것을 더 우려하는 게 그다지 좋은 생각이 아니란 말인가?

i Yahoo.《걸리버 여행기》에 등장하는, 사람의 모습을 한 야만적인 짐승.
ii "음미하지 않는 인생을 살 가치가 없다."라는 소크라테스의 명언을 차용한 것.

음식에 지나치게 관심을 보이는 이들은, 1982년 영국의 패션지《하퍼스 앤드 퀸》에 실린 "요리 허식가"라는 제목의 기사 이후 스스로를 '푸디'라고 부르고 있는데, 이 기사의 담당 기자 중 하나는 1984년 출간된 다소 풍자적인《공식 푸디 안내서》의 공동 저자이다.[10] 옥스퍼드 영어사전에 '푸디'가 처음 등장한 것은 1980년으로,《뉴욕 타임스 매거진》에 실린 파리의 한 레스토랑 여주인과 그녀의 "추종자들, 진지한 푸디들"을 칭송하는 기사를 인용한 것이었다.[11] 이제 '푸디'는 거의 어디에서나 '구르메[gourmet, 미식가, 식도락개]'를 대신해 쓰인다. 아마도 '푸디'에 비해 '구르메'가, 특권 의식과 흔치 않은 감각 식별력을 주장하는 속물적인 면모를 더 강렬하게 떠올리게 하기 때문일 테다. 사실 이런 특징들은 푸디에게서 흔하게 발견되는데 말이다. '푸디'는 어떤 면에서는 그 주제에 걸맞게 도를 넘어선 유치한 귀여움을 내세운다. 하지만 푸디들이 의도하는 바대로 그 말에서 무해한 천진함이 은연중에 풍기도록 해서는 안 된다.《공식 푸디 안내서》는 '푸디즘'[i]의 세계관을 언급했는데, 나는 그 세계관의 추종자를 "푸디스트foodist"라 부르자 제안한다.

'푸디스트'는 사실 역사가 훨씬 길다. 19세기 후반에 반짝 유행한 다이어트 요법 장사치에게 처음 사용되었는데, 곧 살펴보겠지만 참으로 적절한 용어 선택이었다. 가장 최근인 1987년에는《뉴욕 타임

---

i 음식의 준비와 소비를 지나치게 중시하는 경향.

우리는 더 이상
정치인이나 종교인을
믿지 않는다.
이제 요리사들이
이 두 역할을 해 주리라
기대한다.

스》의 한 필자가 호감 안 가는 '가스트로넛'[i]이라는 용어 대신 긍정적인 표현으로 '푸디스트'를 쓰자고 반쯤 진지하게 제안했다. "누디스트[nudist. 나체주의자], 필랜스러피스트[philanthropist. 박애주의자], 부디스트[Buddhist. 불자]의 명명 관례에 따라, 잘 먹는 것에 열성적인 사람을 푸디스트라고 부르면 어떨까?"[12] '누디스트'를 유사한 사례로 든 그의 농담 같은 제안은 시사하는 바가 크다. 나는 그 단어에 묻어 있는 바로 무슨 주의ism 때문에 '푸디스트'라는 단어가 마음에 든다. 인종차별주의자racist, 성차별주의자sexist와 마찬가지로 푸디스트도 지배적인 이데올로기의 편견 속에서 움직이며, 전투적으로 먹어 대는 인간의 기름기로 얼룩진 렌즈를 통해 세계를 바라본다.

푸디즘은 그 자체로 식이 장애는 아니고, 문화적 장애라 할 수 있다. 그렇다고 이 둘이 완전히 다른 것은 아니다. 물론, 먹는 것과 관련한 심각한 질병도 있다(거식증, 식욕 과다증). 하지만 전면에 등장할 날을 기다리는, 새롭게 제기된 장애야말로 대중문화 속 푸디즘과 흥미로운 관계가 있다. 그 병은 이름하여 '오소렉시아orthorexia'. 그리스어 'orthos(곧은, 올바른)'에서 온 '오소렉시아'는 건강에 가장 좋은 식단 관련 지식에 따라 올바르게 먹는 것에 집착하는 강박증을 뜻한다. 이 병명은 요리사이자 유기농 농부에서 '대안 의사'로 전업한 스티븐 브래

i gastronaut. 새로운 음식을 맛보는 모험을 즐겨 하는 사람이라는 뜻의 신조어('위장'을 뜻하는 접두어 'gastro-'와 '항해자, 비행사'라는 뜻의 'naut'의 합성어).

트먼이 만든 것으로, 그는 '영양 의학'과 영양 의학의 '혼란스러운' 권장 사항에 의구심을 품기 시작했다.[13]

영양주의로 장사하는 가장 열성적인 이들 가운데 하나가 《먹는 대로 된다You Are What You Eat》라는 책과 동명의 텔레비전 프로그램으로 명성을 얻고 한때 '의사'로 통하던 질리언 매키스다. (친척 아줌마 로즈와 다른 이들에게 "웅가 의사"로 통하던 매키스는 2007년에 의사로 자신을 홍보하지 말라는 권고를 받았다. 그녀의 영양학 박사 학위가 대학으로 공인되지 않은 미국 홀리스틱 칼리지에서 '원격 교육'으로 받은 것임이 드러났기 때문이다. 영양사와 마찬가지로 '영양학자'라는 호칭을 얻는 데 의료 자격증이 필요한 것은 아니다).[14] 매키스는 2008년 《음식 바이블》에서, 실천할 만한 기이한 생활 방식들을 추천한다. 그녀는 '디톡스' 방법 중 하나로 "피부를 솔질하는 습관을 들여라."라며 호들갑을 떤다.[15] 그러고는 이렇게 약속한다. "길을 잘 들이면 우리에게는 진화된 새로운 수준 그리고 최상의 훌륭한 단계(원문대로)를 능가하는 힘이 있다." 그리고 이런저런 질병을 치료하려고 욕심껏 먹어야 하는 식품(마늘, 베리, 브로콜리, '액상 해조류')에 관해 조언한다.[16] 혹시, '불안 장애'가 있는가? 그렇다면 '마그네슘 결핍증'일 것이다.[17] 등에 통증이 있다면 "신장에 울혈이 생길 수 있으므로" 가지를 먹어서는 안 된다.[18]

의사이자 《배드 사이언스》 저자인 벤 골드에이커는 모두가 이미 상식으로 아는 건강한 식습관에 관한 조언만으로는 영양학사들이 스스로 만족할 수 없을 거라 봤다. 《잡식동물의 딜레마》 저자 마이클 폴란은 단순하게 요약한다. "음식을 먹어라. 단, 너무 많이 먹지 말고, 주로 채소 위주로 먹어라.")[19]

사실 전문적인 영양학자들이 끊임없이 조언의 범위를 넓히려는 것도 이해가 안 되는 건 아니다. 유명 요리사가 최신 요리책을 팔려고 끊임없이 새로운 요리법을 개발하는 것과 별반 다르지 않으니까. 이 와중에도 질리언 매키스는 '간 기능 저하'가 우울증의 원인이며 '음식 민감성'도 원인일 수 있다고 꼽는다.[20]

아, 음식 민감성이라니. 매키스는 음식 민감성이나 과민증이 수많은 현대 질병의 근원이라는 생각에 적극적인 지지를 표한다. 그녀에 따르면, 이는 "21세기에 만연한 병이다." 그러나 왜 최근에서야 그렇게 되었는지는 미스터리이다. 바로 매키스 같은 이들이 삶에서 뭔가 잘못 돌아간다 싶으면 그에 대한 원인으로 음식 민감성이나 과민증을 지목한 덕분이 아니라면 말이다.[21] 가장 위중한 병을 앓는 사람에게도 도움을 주려는 배려에서, 그녀는 주저하지 않고 에이즈 환자에게 자신의 상품을 홍보한다. 그녀의 세심한 조언에는 이런 것도 있다. "어떤 음식이 당신에게 영향을 주는지 모르겠다면, 테스트를 받아 보면 좋을 것이다. 음식 과민증 가정용 테스트 키트는 www.gillianmckeith.info를 참고하라."[22] 냉소적인 사람이라면 틀림없이 그녀가 자신의 웹사이트를 통해 키트를 판매하면서 음식 과민증을 퍼뜨리려고 열을 올린다고 생각할 것이다.

젖당과 글루텐 관련해 잘 알려진 음식 과민증이 있지만, 만성소화장애증을 앓는 환자의 비율(원인은 모르나 133명 중에 한 명꼴로 나타나며 증가 추세이다.)만으로 밀 기피 식단이나 '글루텐 프리' 식품의 인기 증가 이유를 완전히 설명하지는 못할 것이다. 마치 글루텐이 혐오스러운 첨가제라는 듯 표시하고, 심지어 애초부터 글루텐이 전혀 들어가지 않은 식품에도 라벨을 붙인다.[23] 어쨌든 밀과 우유에 관한 따분한 사실만으로는 영양 요법사로서 사업을 지속하기 어려울 테니, 유행 식이요법을 따르는 이들 사이에서 과민증을 유발하는 자극원의 식품 수는 어마어마하게 증가했다. 매키스의 가정용 과민증 테스트 키트로는 사과, 파슬리, 바닐라, 닭고기, 홉 열매를 비롯해 "113개 식품을 테스트한다."(매키스는 술과 커피를 아주 싫어한다.) 이러한 ('면역글로불린 G 항체 테스트'에 기반을 둔) 키트는 2007년 상원 위원회의 조사를 받았는데, 키트의 효과에 대한 "엄중한 과학적 증거의 부재"가 관련 보고서에서 언급되었다. 알레르기 분야의 최고 전문의 글레니스 스캐딩은 음식 알레르기에 대한 면역글로불린 G 테스트는 돈 낭비일 뿐이며, 자칫하면 환자가 적절치 못한 식이요법을 하도록 이끈다고 상원에 보고했다.[24]

매키스는 과민증뿐만 아니라 민감성과 알레르기를 언급하며 당신을 괴롭히는 문제의 대부분이 바로 이 때문이라고 주장한다. 그녀는 "불안, 피로, 가려움, 두통, 메스꺼움, 권태감 같은 증상 중 하나라도 정기적으로 경험한다면" 자신의 테스트 키트를 구매하라고 권한다. 고백하건대, 나는 《질리언 매키스의 음식 바이블》을 읽고 이 모든 증상을 동시에 경험했다.

음식 과민증은 낙관적 푸디즘의 이면이다. 음식이 푸디들에게 모든 즐거움의 원천이듯이, '과민증이 생기는' 모든 정신적 문제의 이유를 음식에서 찾아내고 음식을 조절하면 그 문제를 고칠 수 있다고 여기기 때문이다. 이러한 생각이 왜 위안을 주는지 이해는 간다. 이는 일종의 생리학적 금욕주의로, 이를 통해 비호의적인 세상에 대한 반응력을 전적으로 통제하는 것이다. 따라서 영양주의는 로버트 버튼의 《우울증의 해부》에서 살펴본 음식에 관한 고대 의사들의 미심쩍은 이론에 맞먹는, 현대판 사이비 과학에 해당한다. 《우울증의 해부》에서 버튼은 어떤 종류의 음식이 우울증 환자에게 가장 도움이 되는지 정립하고자 했다("뿌리채소 중 파스닙, 감자는 대단히 좋지만 양파, 마늘, 골파, 당근, 무는 배에 가스가 차고 위험하다").[25] 프랑스 철학자 미셸 푸코는 1983년 텔레비전 인터뷰에서, 현대에 이르러 스스로를 정의하는 수단으로서 고대인의 음식에 대한 관심을 섹스가 대신하게 되었다고 주장했다.[26] 그러나 30년이 흐른 지금, 음식이 다시 우위를 차지한 것이 틀림없다.

어떤 것은 더 먹고 어떤 것은 덜 먹는 일이 (포만감이라는 즉각적인 즐거움 말고도) 한 사람의 건강과 행복에 기여할 가능성이 크기는 해도, 음식을 약용으로 생각하는 기능주의적 태도는 개인의 운명을 다스리는 능력에 관한 비현실적인 자신감을 심어 주기 쉽다. 다음은 푸디스트이자 '영양 치료사'라는 이가 《가디언》에 한 말이다. "이 세상에는 우리가 어찌할 수 없는 것 천지이다. 나는 내가 먹는 것을 통해 내 건강과 기분을 다스릴 수 있다는 데서 정말로 힘이 생기는 걸 느낀다."[27]

매키스 역시 약속한다. "당신의 건강은 정말로 당신의 손에, 당신의 부엌에 달렸다."[28] 이런 말들을 해롭지 않고 그저 힘을 북돋아 주는 우스갯소리로 읽어 내고 싶다면, 그 이면을 한번 생각해 보라. 당신이 아프면, 틀림없이 당신 잘못이라는 뜻이다. (병과 장애가 죄의 대가라고 믿는 '크리스천 사이언스' 신봉자와 다를 바 없다.) 벤 골드에이커의 경우, 영양주의를 이렇게 진단한다. "그것은 우익 개인주의의 선언문과 다를 바 없다. 즉, [영양주의에 따르면], 당신이 먹는 것이 바로 당신이고, 일찍 죽는 사람들에게는 다 그럴 만한 이유가 있다. 그들은 무지하고 게을러서 죽음을 선택하지만 당신은 삶을, 싱싱한 생선과 올리브유를 선택하므로 건강하다."[29]

또 한 명의 저명한 현대 영양 요법사인 패트릭 홀퍼드도 수백만 부가 팔린 자신의 《최적의 영양 바이블》에서 비슷한 메시지를 전한다. "적절한 음식을 섭취함으로써 건강을 선택할 수 있다. 아프다면 그것은 전적으로 당신 책임이다." (그는 "대다수 질병이 최적 상태에 이르지 못한 영양의 결과"라고 단정한다.)[30] 매키스와 마찬가지로 홀퍼드가 접근하는 방식은 완벽하게 정상적인 경험을 나쁜 영양 상태의 '증상'으로 설명함으로써 독자를 걱정에 빠뜨리고, 건강에 편집증적으로 집착하게 한다. "아침에 일어나는 게 힘들고" 혹은 "한바탕 분노가 휩쓸고 가거나 갑자기 모든 일에 무관심"해진다고 느끼는가? 그렇다면 "부신 호르몬 불균형일 수 있다."는 걸 아는가. 그리고 당연히 "이는 영양 요법사에게 검사를 받아야 한다."[31] 한편, 독자들은 "20세기에 흔한 질병 중 대다수가 항산화 영양소 부족과 관련 있고, 보충제 섭취가 도움이 됨"을 알게 되는데, 이는 기쁘게도 의학과 상업 간의 운 좋은 시너지 효과를 낸다. 홀퍼드 또한 직접 항산화 약제를 판매하고 있으니 말이다.[32]

"통곡물을 더 많이 먹고, 정제 설탕을 줄여라."처럼 홀퍼드의 조언 중 일부는 지극히 합당하다. 그렇다고 사업적인 마인드의 영양학자가 그 정도에서 멈출 리는 없다. 그래서인지 《최적의 영양 바이블》이 나온 지 7년 뒤 《패트릭 홀퍼드의 신新 최적의 영양 바이블》이 출간되었다. 창의적인 이론으로 가득한 이 해설서에 (자연요법 의사 피터 J. 다다모의 선구적인 연구를 좇아) "혈액형별로 알맞게 먹어라."라는 조언을 추가했고, 이에 더해 에이즈를 치료하는 데 비타민C가 항레트로바이러스제 AZT보다 더 효과적일 수 있으며, 자폐증의 "가능한 원인"으로 "식단, 백신 접종, 소화 장애가 있다."라는 견해를 밝힌다.[33] 뿐만 아니라, 올바르게 먹는 것으로 암과 싸울 수 있다는 훨씬 고무적인 의견을 넌지시 제시한다.[34]

수많은 사람을 도와 "말 그대로 그들의 삶을 변화시켰다."[35]라고 자평하는 음식 권위자를 향한 옹졸한 공격처럼 보이지 않으려면, 마지막 발언으로 홀퍼드의 말을 직접 인용해야겠다. 2007년 벤 골드에이커가 그를 향해 맹렬하게 퍼부은 공격에 상처 입은 홀퍼드는 이에 대응해, 자신이 직접 영양학자 자격 증명서를 수여한 것이 아니라고 항변했다. 홀퍼드는 당치 않은 소리라며 이렇게 해명한다. "공식적으

건강식품 강박증 환자와
푸디스트는
"당신이 먹는 것이
바로 당신"이라며,
몸을 레고 블럭처럼 여기는
어리석은 유물론을
따른다는 점에서 하나가 된다.

로 말하건대, 그가 말하듯이 내가 스스로에게 학위를 수여한 게 아니다. 1984년 내가 설립한 교육 기관인 최적 영양 연구소 의원회가 명예 학위를 수여했다."[36] 우리 모두에게 고무적인 사례라 하겠다.

오소렉시아, 즉 건강식품에 대한 집착이 실제로 일어나고 있는 현상인 데다 증가하고 있다면, 이는 패트릭 홀퍼드와 질리언 매키스처럼 오늘날 영양주의를 지지하는 자들의 책임이 크다는 사실을 부인할 수 없을 것이다. 하지만 더 나아가 텔레비전 요리 프로그램, 유명 요리사, 요리책, 푸드 페스티벌, 음식 관련 도구 등에 관한 오늘날의 열기야말로 우리 문화의 팽창된 위장 곳곳에 뚜렷하게 나타나고 있는 오소렉시아의 일반화된 현상이라 말하고 싶다. 의학적 견지에서 볼 때, 오소렉시아에서 건강에 대한 관심만 빼면 주류 푸디즘과의 유사성은 놀라울 정도이다. 2004년, 이탈리아 연구진은 '오소렉시아 너보사Orthorexia Nervosa', 즉 건강식품 강박증에 관한 진단 기준을 제시했다. 그들은 건강식품 강박증 환자가 "먹는 행위에서 정체성과 영성을 추구하는 성향"을 보인다고 했다. 꼭 푸디스트처럼 말이다. "건강식품 강박증 환자는 음식을 생각하며 보내는 시간이 상당히 많다." 이 역시 푸디스트와 마찬가지다. 강박 증세를 보이는 이들의 먹는 행위는 "다른 사람의 생활 방식, 식습관보다 자신이 우월하다고 느끼도록 한다." 푸디스트의 먹는 행위 또한 마찬가지다.[37]

건강식품 강박증 환자와 푸디스트는 "당신이 먹는 것이 바로 당신"

이라며, 몸을 레고 블럭처럼 여기는 어리석은 유물론을 따른다는 점에서 하나가 된다. 외재하는 것 중에서 믿을 게 남아 있지 않은 세대에게 몸은 마지막으로 남은 적절한 숭배의 대상이다. 몸은 성소이니 그 안에 들어가는 것에(뿐만 아니라 매키스처럼 나오는 것에도) 극단적 관심을 갖는 것이다. 외부 세계는 몸속에 넣을 수 있는 것으로 전락하고 만다.

19세기 초 프랑스 법관이자 정치가로 활동했으며《미각의 생리학》[i] (요리법, 자신이 먹은 저녁들에 관한 일화, 탐식에 관한 이론화를 정리한 담론서)의 저자이기도 한 온화한 자기만족적 성향의 장 앙텔름 브리야사바랭은 오늘날 푸디스트가 경외하며 인용하는 옛 미식가이다. 이유인즉슨, 그가 푸디스트의 집착에 문학적 세련됨과 품위라는 그윽한 멋을 선사하기 때문이다. 그가 남긴 명언 중에서도 가장 유명한 말은 "당신이 먹은 음식을 말해 보라. 당신이 누구인지 알려 주겠다."일 게다.[38] 나 참, 그렇다고 아무렴 내가 통닭의 한 부분이거나 감자칩은 아니지 않은가. 브리야사바랭의 약속은 마치 비트겐슈타인의 아침 식사를 면밀히 분석해 그의 철학을 추론할 수 있다고 주장하는 것만큼이나 터무니없다. 하지만 이는 부유한 이들이 계급을 구분하고 미학적 감수성을 확인하는 일종의 표지로 음식을 사용한다는 걸 용인하는 것이다. 브리야사바랭은 "지성인만이 먹는 방법을 안다."라고 한다.[39] (브리야사바랭

---

i 우리나라에는《브리야 사바랭의 미식예찬》이라는 제목으로 출간됨.

도 질리언 매키스처럼 커피 혐오자라는 사실이 마음에 들지 않지만, 이런 사실을 표현하는 그의 방식은 매력적이게 포도를 숭배하던 순수한 시절을 떠올리게 한다. "건강한 체질인 사람이 하루에 와인을 두 병씩 마시면 장수할 수 있다. 하지만 그 사람이 하루에 같은 양의 커피를 마시는 것을 참지 못하면, 그는 미치거나 폐병으로 죽을 수 있다.")[40]

재기 넘치는 현대적 푸디스트인 제이 레이너 또한 브리야사바랭과 마찬가지로 푸디즘을 교양과 판단력이 필요한 노고로 묘사한다. 그는 이렇게 주장한다. "음식에 쏟는 진정한 열정은 누구나 갖출 수 있는 게 아니다. 누구나 이해할 수 있는 것도 아니다. …… 이 열정은 정성스런 수고를 요한다. 노력을 요하는 것이다." 그는 푸디스트가 아닌 사람, 즉 "푸디즘을 통제가 안 되는 상태로(실상은 그 반대인데도) 생각하며 자신이 먹는 식사에 대한 관심이 위축된" 사람을 동정한다. "푸디즘의 핵심은 통제한다는 것이다. 식욕을, 미래의 가능성을, 당신 자신을 말이다."[41] 이처럼 푸디즘은 오소렉시아의 특징인 완벽한 극기에 관한 바람일 뿐만 아니라 더 나아가 외부적인 '가능성들'을 지배하려는 의지라는 점에서 같다고 볼 수 있다. 따라서 푸디스트로서 레이너의 작은 선언은, '에너지'와 '기민함'을 약속하며 1960년대에 등장한 광고의 수사학적 표현 "영양적 의식nutritional consciousness"이 지혜와 자기 수행이 아닌 권력을 중심에 놓고 있다는 롤랑 바르트의 통찰과도 정확히 일치한다. 바르트는 "의식적으로 계산된 식단을 통해 공급받은 에너지는 신비롭게도 인간이 현대 세계에 적응하게끔 맞춰져 있는 것 같

다."라고 했다.[42]

　지금쯤이면, 나처럼 푸디스트를 질색하는 사람을 성미 까다로운 음식 혐오자거나 청교도적인 반反감각주의자라고 추측하는 것도 무리가 아닐 테다. 하지만 나는 음식을 좋아한다. 단지 생명 유지를 위해서만이 아니라, 상당히 많이 먹는 편이다. 특히 5년간 파리에서 지내면서 좋은 음식을 실컷 먹었는데, 파테[i], 빵, 파르망티에 콩피 드 카나흐[ii], 초콜릿에 관해서는 특히 취향이 까다로워졌다. 돼지고기를 예찬하던 찰스 램[iii]의 말에 나는 전적으로 동의한다. 그는 1821년에 쓴 〈식전 감사 기도〉에서 이렇게 인정한다. "나는 음식에 관해서는 퀘이커 교도가 아니다. 고백하건대, 그런 종류의 음식에 무심하지 않다."[43] 수많은 사람, 모든 푸디스트와 마찬가지로 나도 쓰레기 같은 음식보다는 좋은 음식을 먹고 싶다. 그러나 평소에 음식을 생각하느라 많은 시간을 보내지는 않는다. 그리고 이 책을 쓰기로 결정하기 전에는 텔레비전 요리 프로그램을 본다거나 요리책이나 푸디스트의 이국적인 여행기를 읽고 싶었던 적이 없다. 누구나 음식을 그 자체로 즐길 수야 있겠지만, 전반적인 문화에서 감지되는 음식에 대한 지나친 몰두는 일종의 기행이나 퇴폐, 즉 자기 자신에만 관심을 가지며 심적

---

i pâté. 고기나 생선을 곱게 다지고 양념하여 차게 해서 상에 내는 것으로, 빵 등에 발라 먹음.
ii parmentier de confit de canard, 감자와 함께 오리 다리 살을 각종 향신료와 오리 기름으로 천천히 익힌 요리.
iii 돼지고기의 맛을 "피어나는 꽃송이처럼 연한 맛"이라고 표현했을 만큼 돼지고기를 좋아한 영국 수필가.

자원과 지적 자원을 탕진하는 것 같다는 생각이 든다.

그렇다고, 세계적인 부자들이 공들인 음식에 관해 공상하는 사이에 수백만의 사람이 굶주리고 있다는 사실을 전하려는 것도 내 말의 핵심은 아니다(경제학자인 아마르티아 센의 분석에 따르면 대기근은 식량 부족 때문이 아니라 분배의 불균형 때문이다).[44] 부자의 푸디즘이라는 것이 그들이 속한 사회의 상황, 즉 미국 인구의 15퍼센트가 그나마 제대로 먹으려면 푸드 스탬프를 이용해야 하는 상황에서 가당찮은 짓이라고 말하려는 것도 아니다.[45] (존 본 조비가 운영하는 뉴저지의 식당 '존 본 조비의 소울 키친'은 그 명성에 걸맞게 "능력껏 밥값을 내는" 일종의 자선 식당이다).[46] 또한, 궁핍과 '먹거리 불안'이 증대되는 상황에서, 한 연구자가 제시한 "칼로리가 낮은 음식 개발에 관한 상업적 요구"에 부응하려고 '다이어트' 상품에 주력하는 식품학 분야가 여전히 존재한다는 사실이 이상하다고 말하려는 게 아니다.[47]

이 모든 것이 우리 모두의 뇌리에서 떠나지 않는, 푸디스트를 둘러싼 언짢은 상황에 대한 비난으로 여겨질 수도 있겠다. 하지만 이성적으로 따져 보면, 미디어가 전파하는 푸디즘이 문화 그 자체에 끼치는 해악에 초점을 맞출 수 있을 것이다. 테오도어 아도르노는 철학에서 관념론이란 "머리가 되어 버린 배"이며 "강한 욕망"이 그 특징이라고 했다.[48] 푸디즘이야말로 배, 즉 위장의 욕망이며 그 결과 정신적인 것으로 승화되지 못한다. 1985년 소설가 앤절라 카터는 《런던 북 리뷰》를 위해 《공식 푸디 안내서》를 읽고 나서는 "돼지들이 득세한" 시대라고 개탄했다. (그녀는 하고 많은 지면 중에서 《가디언》에 음식 섹션이 있다고 몸서리치며 지적했다.)[49] 그녀가 지금의 모습을 보면 뭐라고 말할지 하늘은 알겠지. 흥분한 개처럼 군침을 흘리고 과도한 음식을 소화하느라 끈적끈적 느리게 흐르는 혈액 때문에 두뇌가 굼떠지지만 않았다면 자신의 시간과 창의적인 에너지를 분명 다른 곳에 쓸 수 있을 텐데도, 그저 음식에 심취해 음식에 관해 열변을 토하는 이들이 우리 주변에 널려 있다.

소울 푸드

02

You Aren't
What You Eat

'존 본 조비의 소울 키친'은 참 적절하게 이름을 붙였다. 푸디즘에 녹아든 이데올로기 곳곳에는 음식이 영혼의 공허감을 채워 주리라는 갈망이 담겼으니 말이다. 음식은 "영성"에 관한 것, "우리의 정체성을 표현하는 것"이라고 현대 음식의 수호자인 마이클 폴란은 주장한다.[1] 현대 푸디즘에 관한 유명한 입문서 《잡식동물의 딜레마》에서 그는 "깨어 있는 의식"을 갖고 먹는 행위에 관해 말하며, 모든 음식에는 그 음식만의 "업보의 대가"가 있다고 주장한다. 그리고 "우리가 먹는 음식은 세상의 몸이나 다름없다."라는 선언으로 끝을 맺는다.[2] 그러니 돼지고기를 씹는 것은 가이아의 성체인 행성과 숭고한 합일을 이루는 것이다.

먹는 것에 관한 안내서들의 제목에 '바이블'이라는 단어를 얼마나 많이 쓰고 있는지 한번 보자. 홀퍼드의 《최적의 영양 바이블》, 매키스의 《음식 바이블》 말고도, 《아기 음식 바이블》, 《무첨가 식품 바이블》, 《글루텐 프리 바이블》, 《파티 음식 바이블》, 《스파이시 푸드 애호가 바이블》 등등 신물 날 정도로, 하늘의 별처럼 무수히 많다. 성경적인 푸디즘에 따라오는 유대-기독교적인 함축이 마음에 들지 않는다면, 대신 드루이드교[i]와 교감을 얻을 수도 있다. 1990년대 후반, 휴 피언리 휘팅스톨은 이러한 가능성에 주목해 "야생 버섯(그리고 야생 버섯을 추구하는 것)이 뉴에이지 영성주의에 대한 관심이 급증하면서 인기를 얻은 게 전적으로 우연은 아니라는 생각이 든다."[3]라고 했다.

음식은 그러니 모든 종류의 영적인 갈구를 충족하는 데 필요한 적절한 자양물로 여겨진다. 그러나 음식이 영혼을 살찌운다고 생각하는 것은 범주의 오류로 보인다. 초기 교회가 '탐식'을 죄로 정의하도록 한 것과 같은 유형의 범주의 오류이다. (사람은 빵만으로 사는 게 아니다.) 탐식은 본래 꼭 너무 많이 먹는 것만을 뜻하지는 않았다. 실제로 무엇을 먹든 간에 음식에 과도한 관심을 갖는 것이 문제였다. 프랜신 프로즈 (재기발랄한 연구서 《탐식》의 저자)가 지적한 대로, 탐식의 핵심은 음식에 대한 "과도한 욕망"으로, 우리를 "이성의 경로에서 이탈하게" 하는 것이다.[4] (영국의 시인인 스펜서의 《페어리 여왕》에 등장하는 "혐오스런 탐식가"는 "온 마음이 고기와 술에 너무 빠져 있었다."라고 진단된다.)[5] 그리고 신학자 토마스 아퀴나스는 다섯 가지 방식으로 저지를 수 있는 탐식이라는 죄악 중에 더욱 "호화로운 음식"을 추구하거나 "공들여 준비한" 음식을 원하는 것이 있다고 말한 그레고리우스 교황의 의견에 동의했다.[6] 이러한

i druid. 고대 갈리아 및 브리튼 섬에 살던 켈트족의 종교로, 영혼의 불멸, 윤회, 전생을 믿음.

점에서(우리가 동의를 하든 안 하든) 월간지 《아틀랜틱》의 기자 B. R. 마이어스는 "푸디들의 도덕성 회복 운동"이라는 제목의 신랄한 기사에서 현대의 모든 푸디스트는 탐식가임에 틀림없다고 주장한다.[7]

요리사는 어떠한가? 음식이 영적이라면, 현대의 '유명 셰프'들은 성직자이거나 구루, 혹은 형언할 수 없는 것의 드루이드교 전달자가 되었다. 요리사는 '테루아르'[i]와 조화를 이루는, 구미를 당기는 즐거움과 영적 향상을 위한 가이아의 통역자이다. 우리는 더 이상 정치가나 성직자를 신뢰하지 않는 대신, 요리사들이 우리에게 먹는 방식은 물론 어떻게 살아야 하는지도 말해 주기를 간절히 바란다. 우리가 먹는 것을 통해 살아간다는 사실을 만족스럽게 받아들여 틀에 박힌 제유법에 쉽게 도달하는 것이다. 2011년, 영국의 슈퍼마켓 웨이트로즈의 런던 지하철 광고에는 이렇게 쓰여 있었다. "음식을 사랑하라. 인생을 사랑하라." 이러한 명령조에는 다음과 같은 조건문이 함축되어 있다. 음식을 사랑해야, 그렇게 해야만 올바른 방식으로 인생을 사랑하게 될 것이다.

('셰프'에 관한 주석. 프랑스어 '셰프'는 단순히 보스나 리더를 뜻한다. 따라서 '우두머리'에 해당한다. 요리업계에서 쓰는 의미는 '셰프 드 퀴진'에서 유래한 것으로, 주방을 관장하는 사람을 뜻한다. 이 프랑스 차용어는 이국적이고 신비한 분위기를 더해 셰프에게 이상한 존경심을 갖도록 부추기는 것 같아, 나는 주로 그들을 '요리사'라고 부르지만,

---

i terroir. 프랑스어에만 있는 말로, 포도가 자라는 데 영향을 주는 지리적, 기후적 요소, 즉 우리말의 '풍토'에 해당한다.

그렇다고 사적으로 경시하려는 의도는 없다. 사실, 《미슐랭 가이드》의 최고 등급 별 3개를 받은 슈퍼 셰프 중 한 명도 앤서니 보댕[미국의 유명 요리사이자 작가 겸 방송인]과의 인터뷰에서 경쟁자에게 최고의 찬사를 보내면서 이렇게 말했다. "그는 훌륭한 요리사이다."[8]

고함치고 욕하는 것으로 유명한 요리사 고든 램지는 그의 프로그램 〈키친 나이트메어〉[i]의 한 에피소드에서, 술을 끊지 못해 삶의 궤도를 벗어난 알코올중독 요리사에게 공감하며 감동적인 장면을 연출한다. 하지만 동시에 이 프로그램의 관음증적인 속성(그 가엾은 남자는 공중파에서 요리사에게 도움을 받기보다는, 개인적인 공간에서 전문가에게 치료를 받아야 했던 게 아닐까?) 때문에 다소 거북하다. 캐나다 푸드 네트워크의 리카르도 라리베는 퀘벡의 제이미 올리버쯤 되는 인물인데, 텔레비전 토크쇼에 나와서는 남자들에게 체모를 밀라고 조언했다. 분명 음식 안전 문제와는 직접 관련 없는 라이프 스타일에 관한 조언이었다.[9] 제이미 올리버는 훨씬 좀스럽게도 영국 학생들이 미심쩍은 재료들을 뭉쳐 놓은 칠면조 덩어리보다 더 좋은 음식을 제공받아야 한다고 당당히 주장한다. 또한, 교육 전문가도 아니면서 요리 수업이 필수 과목이 되어야 한다고 언급하며 학교 식당뿐만 아니라 교실의 변화까지 요구해 거의 존경에 가까운 반응을 받고 있다. 음식을 썰고 삶고 굽느라 수학이나 중국어 수업에 지장이 갈 수 있다고 누가 반대라도 할까 봐, 올리버는 음식이라는 매체를 통해 거의 모든 것을 배울 수 있다고 설명한다. 요

---

i 독설 주방장으로 유명한 고든 램지가 망해 가는 식당을 새롭게 재탄생시키는 리얼리티 프로그램.

리가 "수학, 과학, 미술 같은 과목을 훨씬 재미있고 적극적인 방식으로 가르칠 수 있는 도구"라는 것이다.[10] 미트볼과 스파게티로 태양계 모형을 만들어 볼 수야 있겠지만, 푸디즘이 노력을 요하는 학문이고 더 넓은 세계로 들어가는 관문이 될 수 있다는 생각은 좀 낙관적으로 보인다. 교육 정책에 관한 사업가적인 요리인의 생각이 음식을 중심으로 돌아간다는 게 놀랄 일이야 아니지만, 사람들이 그의 생각을 진지하게 받아들인다는 건 놀랍기만 하다. 올리버는 의사도, 공중 보건 정책을 다루는 학자도 아닌데, 언론은 정부의 새 '비만 정책'에 대한 그의 전문가적인 견해를 듣고 싶어 항상 안달이다.[11]

제이미 올리버는 정식으로 선출되지 않았지만 어떤 면에서는 그의 텔레비전 프로그램을 시청하고 책 모양을 한 그의 상품을 구입한 이들에 의해 민주적으로 선택된 사람이다. 유명 푸디스트야말로 오늘날 우리를 이끌 지도자가 될 가치가 있나 보다. 그들 중 일부는 스스로도 그렇게 생각하는 것 같다. 르네 레드제피(최근 '세계 최고의 레스토랑'으로 지명된 코펜하겐의 '노마'의 요리사)가 2011년 '엘 불리'의 스페인 요리사 페란 아드리아를 비롯해 앞치마를 두른 다른 유명한 친구들과 함께 주도한 '리마 선언' 즉 〈내일의 요리사들에게 보내는 공개서한〉에서 선언한 바에 따르면, 요리를 한다는 것은 "행복에 대한 추구를 넘어서" 실상은 "세계가 자양분을 통해 성장하는 방식을 바꿀 수 있는 변화의 도구이다"(뿐만 아니라 소수 부유한 자에게 허황된 거품을 흩뿌린다는 의미도 함축되어 있다). 요리사는 "사회에 참여하고, 공정하고 지속 가능한 사회

우리는 더 이상
정치가나 성직자를
신뢰하지 않는 대신,
요리사들이 우리에게
먹는 방식은 물론
어떻게 살아야 하는지도
말해 주기를 간절히 바란다.

에 기여할 수 있는 부분에 호기심과 책임감을 지녀야 한다." 또한 "우리의 요리, 윤리, 미학을 통해 사람, 지역, 한 국가의 문화와 정체성에 기여할 수 있으며, 우리 모두는 자연을 이해하고 보호할 책임을 지닌다."[12] 오직 요리사만이 해로운 정치와 문화적 쇠퇴, 생태계 파괴라는 대참사에서 우리를 구원할 수 있는 것처럼 보인다.

한편, 헤스턴 블루먼솔은 《팻덕fat duck 요리책》에서, 2006년 페란 아드리아, 토머스 켈러, 해럴드 맥기와 공동 집필했던 〈'새로운 요리법'에 관한 성명서〉를 제멋대로 다시 써서 그들이 "음식이라는 매체를 통해 사람들에게 즐거움과 의미를 선사할 수 있다."라고 우긴다.[13] 지금보다 훨씬 신앙심이 깊던 시대의 가장 권위 있는 사제들조차도 사람들에게 구원해 준다거나 '의미'를 선사한다는 류의 주장을 한 적은 없다. 이러한 일들은 신의 말씀을 통해서만 가능했고, 성직자들은 그 말씀을 해석할 따름이었다. 요리사들이 자신들을 통해 사람들이 '의미'를 얻는다는 취지의 설교를 늘어놓을 때면, 토끼를 굽는 그들이 꼭 구세주 콤플렉스[i]에 걸린 자들처럼 보이기 시작한다.

한 사람의 삶에 깃든 의미라는 것이 그 이름값을 하려면, 걸어 다니는 소화기관으로서의 기능을 초월해야 한다는 생각이 들 것이다. 하지만 생각만 해도 현기증 나는 해석학적 접근에 따르면, 음식은 그 자체만으로, 그리고 음식을 먹어치우는 방식을 통해서 초월적일 수 있

i 자신이 구세주가 될 운명이라고 믿는 사람들의 마음 상태를 가리킨다.

단다. 상당한 예찬을 받고 있는 캘리포니아의 레스토랑 '프렌치 런드리French Laundry'의 요리사 토머스 켈러는 철학적으로 야심 가득한 진술을 통해 이렇게 주장한다. "트리프[소의 양]를 요리하는 것은 …… 초월적 행위다. 기술과 지식을 통해, 대개 버려지는 재료를 절묘한 뭔가로 변화시킨다."[14] 다른 동물의 내장을 자기 내장에 넣는 일에 초월적 회귀를 상징하는 뭔가가 혹 있을는지 모르겠다. 인심 써서 좀 더 상상력을 발휘해 보자면, 우로보로스[i]나 뫼비우스의 띠를 연상시키는 뭔가가 있을 것도 같다. 그렇게 보자면, 《황제실록》을 통해 "종종 인간의 배설물을 가장 값비싼 음식과 섞어 맛보는 걸 꺼리지 않았다."라고 전해지는 로마 황제 콤모두스의 사례를 좇으면 훨씬 더 큰 초월성을 얻지 않을까.[15]

음식에 의미, 심지어 초월성까지 부여하려는 현대의 갈망은 비교적 최근에 일어난 현상이다. 일례로 1931년 미국에서 출간돼 많은 사랑을 받은 요리책인 어마 롬바우어의 《요리의 기쁨》에는 이런 과장된 주장이 없다는 사실에 마음이 다 후련해진다. 머리말에서 그녀가 쓰는 수사는 담백함의 절정을 보여 준다. "이 책은 오랜 실생활에서 우러나온 경험과 살아 숨 쉬는 호기심, 요리에 대한 진정한 사랑에서 비롯되었다. 나는 이 책에서 일반 가정이 필요로 하는 요리에 부합하면서도 간단한 방식으로 맛있는 음식을 마련하여, 매일 하는

---

i Uroboros. 자기 꼬리를 입에 문 모습으로 우주를 휘감고 있다는 뱀.

요리를 진부한 일상에서 들어 올리려고 노력했다."[16] 이 책에서 요리는 즐길 수 있는 행위이며, 더 나아가 '사랑'받을 가치가 있는 일이다. 저자의 목적은 일반인들이 매일 더 좋은 음식을 요리하도록 돕는 데 있다. 이보다 더 품위 있는 목적이 뭐 있겠는가?

하지만 이후로 푸디스트들이 사용하는 수사는 초기 우주처럼 급팽창을 겪었다. 푸디스트 운동은 탐식에 대해 생각이 중단되어서는 안 된다는 일념으로 음식 자체의 고유한 장점을 내세우며 필사적으로 다른 문화의 영역을 넘보고 있다. 그리하여 음식은 정신적 자양분일 뿐만 아니라, 곧 살펴보겠지만 예술, 섹스, 생태, 역사, 유행, 윤리가 된다. 심지어 머리가 어떻게 된 몇몇 광신도에게는 음식이 세계 공용어이다. 일례로, 알렉스 제임스는 《선》에서 이렇게 말했다. "음식은 누구와도 소통할 수 있는 훌륭한 방법이에요. 저는 음악이 만국의 공용어라고 생각했죠. 그런데 아프리카에 가서 블러의 노래를 튼다면 누군가 번역을 해 줘야 할 겁니다. 하지만 치즈를 주면 즉시 맛을 보고는 반응을 할 테죠."[17] 그러니까 체다 치즈 덩어리가 [너바나의 앨범] 《Nevermind》보다 더 우월하고, 소통을 위한 공통의 매체, 아니 적어도 푸디스트에게는 식자들의 만능 용매인 셈이다.

알렉스 제임스보다는 문학적 명망이 두터운 마야 앤절로[미국에서 가장 영향력 있는 흑인 여성 중 한 명으로 시인이자 소설가, 배우, 인권운동가]조차 이렇게 말한다. "글쓰기와 요리는 소통의 두 가지 다른 방식이다."[18] 새 요리책 《위대한 음식, 아침부터 밤까지》를 홍보하면서 이런 말을 한 것이겠지만, 이는 목적이 전혀 다른 활동을 억지로 묶어 놓은 것에 불과하다. 레비스트로스는 《날것과 익힌 것》에서 고기를 불로 굽는 방식의 발견이 인간적 특징의 시작이었다고 주장하며 요리 기법들을 의미 체계로 분석하지만, 그렇다고 요리가 실제 언어라는 뜻은 아니다. 우리는 요리를 통해 생각을 '전달'할 수 없다. 글쓰기를 통해 신체에 영양분을 공급할 수 없는 것과 같은 이치다. 요리가 '공공연한' 본래 의미에서 정말로 우리에게 전달하는 것은 음식이다. 그러나 음식이 "의미를 선사"할 수 있다는 미심쩍은 주장은, 한 발짝 더 나아가 이런 의미가 예술적이기까지 하다고 말할 것이다. 즉, 음식 자체가 예술일 수 있다고 우기는 거다.

단식
예술가들*

03

*You Aren't
What You Eat*

---

* Hunger Artist. 카프카의 단편 〈Hungerkünstler〉(Hunger Artist)에서 따온 제목으로, 우리나라에서는 주로 '단식 예술가' 혹은, '단식 광대'라고 번역한다. 단식 예술가가 단식술로 많은 관중을 끌었지만 그 후에는 '늘 재미를 찾는' 관중의 일시적인 변덕으로 인해 관심이 끊기면서 곡마단으로 쫓겨 가 죽음을 맞이하는 내용으로, 늘 새로운 요리를 찾는 고개의 요구에 부응하느라 새 요리를 개발하는 데 여념 없는 요리사들을 그에 비유한 것으로 보인다.

"이건 오늘 시장에서 사 온 올리브예요." 아주 크고 짙은 초록색의 올리브 두 개가 담긴 작은 그릇을 우리 테이블에 올려놓으며 웨이터가 아무렇지 않게 말한다. 내가 하나를 깨물자 뇌 회로가 멈칫하더니 모순되는 맛의 신호를 처리하지 못하다가 마침내 그 맛이 이상하게도 달고 과일 맛이 난다는 것을 서서히 깨닫는다. 그때 다른 웨이터가 지나가다가 낄낄 웃으면서 '올리브'가 사실은 속을 채운 금귤이라고 알려 준다. 완전 속았네.

세 시간에 걸친 점심 식사 동안, 나와 친구는 마늘로 조리한 새하얀 밤, 사과 맛이 나는 감자 면과 가늘고 길쭉한 송어, 게살 크로켓, 달걀 노른자를 "소금에 절여 가늘게 채 썰어 뿌리고" 토치로 겉면을 익힌 송어 요리, "건초 위에서 훈제한" 씨앗 한 움큼, 돌 위에 버섯과 함께 놓은 (다소 외로운) 새우, 소금에 절인 대구 한 조각(포르투갈 요리인 바칼라우 버전), 적양배추 초콜릿 소스를 곁들인 희귀한 비둘기 고기 두 점, 한가운데 삶은 달걀 슬라이스가 (놀랍게도!) 숨겨진 아주 작은 치킨 파르페 샌드위치를 맛보는 경험도 했다. 아이스 오이와 쫄깃쫄깃한 밀감 아이스크림, 버섯향이 나는 초콜릿 트러플[i](내 친구의 날카로운 관찰력에 따르면 동음이의어인 '트러플'에 대한 말재간), 그리고 내 노트에 '로스트 셀러리&세이빙 폼'이라고 묘사되어 있던 요리도 잊을 수 없다. 식사 말미에는 웨이터가 드라이아이스 연기가 피어나는, 설탕을 뿌린 아몬드 몇 개를 가지고 온다. "즉시 드시길 권합니다. 얼린 상태거든요." 그가 단호하게 명한다. 나는 바닐라향이 스민 올리브유 한 덩어리로 드러난 그것을 입에 넣는다. 액화 질소로 냉각해 만든 아이스크림이라는 그것은 매우…… 기름지다.

이런 음식은 모두 슬레이트나 돌 위, 혹은 색을 넣은 정교한 무늬와 모호한 나뭇잎들로 장식된 직사각형 접시 위에 예쁘게 서빙되는데, 엄청난 정성이 돋보이는 데다 창의적이다. 그렇다면 이게 예술일까? 일각에서는 적어도 '분자 요리'[ii]로 알려진 이러한 스타일의 요리를 예술이라고 주장한다. 나와 친구가 있는 곳은 최신 유행하는 스칸디나비아 스타일로 꾸민 '비아잔테'이다. 이곳은 '엘 불리'의 페란 아드리아 밑에서 일했던 요리사 누누가 운영하는 런던의 레스토랑이다. 사이사이 무료 전채 요리와 프티 푸르[iii]를 맛보는 여섯 가지 코스 테이스팅 메뉴를 먹는 것은, 진심으로 만족스러운 점심은 아니더라도 대단히 흥미로

i truffle 값비싼 버섯인 인종인 송고의 도그린 토양의 소골빗 과자라는 두 가지 뜻을 가진 동음이의어.
ii molecular gastronomy. 음식을 분자 단위까지 철저하게 연구해 음식 재료의 질감이나, 조직, 요리법 등을 변형하거나 완전히 다른 스타일의 음식을 창조하는 것.
iii petits fours. 커피나 차와 함께 내는 아주 작은 케이크나 쿠키.

운 경험이 된다. 특수효과 시연을 모아 놓은 쇼릴과 영화의 관계를 음식에 그대로 옮겨 놓은 것 같으니 말이다.

1932년 살바도르 달리는 파리에서 "화려한 받침돌 위에 놓인 거대한 빵 덩어리"라고 묘사한 〈최면 시계〉를 전시했다. 그는 또한 거대한 빵(15~45미터 길이)을 파리나 뉴욕의 공공장소에 익명으로 놓아두는 〈빵들의 비밀 결사〉라는 멋진 프로젝트를 착상했다. 달리는 이런 방식을 통해 "뒤를 이어 누군가 이성적이고 실리적인 세상의 모든 메커니즘에 깃든 논리적 의미를 체계적으로 파괴하고자 할 수 있다."라는 이론을 세웠다.[1]

안타깝게도 빵들의 비밀 결사는 구상으로만 남았다. 어떤 경우든 푸디스트에게 음식은 이미 예술이다. 현대 푸디즘의 초기 선언 중 하나인, 1984년에 출간된 《공식 푸디 안내서》는 "푸디들은 음식을 그림이나 연극과 같은 차원의 예술로 간주한다. 음식은 실제로 여러분이 가장 좋아하는 예술 형태이다."[2]라고 한다. 이제 이런 말들은 그 안에 깃든 과장법은 아랑곳하지 않은 채 여기저기서 들린다. 베르나르 루아조의 60달러짜리 개구리 다리 요리는 "눈부신 예술성을 보여 준다."[3] 앤서니 보댕은 일반적인 시각과는 다르게 페란 아드리아를 "이 거품 남자"[4]라고 칭하지만, 다른 이들은 이 스페인 요리사의 미학적 거품에 홀려 있다. 아드리아의 거품은 "믿을 수 없을 정도로 아름다우며…… 하나의 예술 작품과 같다."[5] 또한 "그가 부엌에서 보여 주는 거친 천재성은 종종 미술계의 살바도르 달리의 천재성에 비견된다."[6] (이런 글을 쓸 때, 아드리아가 주요 도시에 거대한 바게트를 감춘 것도 아닌데 말이다.) 아이패드에서 구매할 수 있는 '나이젤라 퀵 콜렉션 앱'은 그 홍보 문구에서, 마치 요리들이 캔버스나 설치 작품이라도 되는 듯이 그녀의 요리를 "큐레이트"했다고 선전한다.[7]

음식이 그 자체로 '예술 작품'이라는 생각은 일상적인 행위에 창의성과 기술(고대 그리스어인 포에시스poéesis보다 테크네technée에 가까운 뜻)을 겸허한 태도로 부여한 '요리의 기술art of cookery'(프랑스어 l'art de를 본뜬 말) 같은 전통적 표현보다 훨씬 강한 주장이다. 오늘날 일류 요리사는 요리를 예술로 인정해 주지 않는 데 분명 발끈하는 듯하다. 헤스턴 블루먼솔은 의문을 제기한다. "화가나 음악가가 그림과 음악을 통해 감정을 불러일으킨다면, 셰프라고 왜 음식으로 같은 일을 하지 못하겠는가?"[8] 누구나 록 스타를 꿈꾸기 마련이다. (그런데 하필 그 순간에 록그룹 '퀸스 오브 더 스톤 에이지' 멤버인 록 스타 조시 호미는 열에 들떠 자신과 친구 데이브 그롤은 스시를 좋아한다고 《Q》[음악 잡지]에 말한다. "우리는 완전 푸디스트죠." 그렇게 그는 만족스럽게도 내가 선호하는 용어를 인정하고 있다.)[9] 실제로 요리사들과 그들의 푸디스트 추종자들은 요리사의 지위를 록 그룹 '건즈 앤 로지스'의 보컬 액슬 로즈, 화가 아니쉬 카푸어, 재즈 피아니스트 셀로니우스 몽크의 반열에 올리고자 공모하고 있다. 악기 연주자나 지휘자가 연주곡을 해석하듯 요리사는 옛 음식을 '해석한다'는 것이다. ("이것은 페이스트리 셰프인 스티븐 더피가 전통적인 스트루들[사과 같은 과일을 얇은 밀가루 반죽으로 싸서 오븐에 구운 요리을 해석한 것이다."라는 표현처럼.)[10] 공들인 음식을 게걸스럽게 먹는 일이 '의미', 심지어 '감정'을 일으킨다고 호소하는 것이다. 분자 요리의 초기 이론가 중 하나인 에르베 디스는 "손님들의 배를 채우는 게 아니라 요리 예술을 탄생시키는 게 목적인""영감을 주는" 요리사들에게 경의를 표한다.[11] 배야 고프겠지만 눈물을 흘리며 박수를 치란 소리다.

《가디언》 푸드 섹션의 초대 편집자인 영국의 음식 역사학자 크리스토퍼 드라이버는 음식이 예술이 될 수 있다고 한다. "먹고 마시는 음식의 단순하거나 복잡한 조합을 통해서 식욕과 기분뿐만 아니라 지성까지 즐겁게 할 수 있다."라는 이유에서였다.[12] 그러나 어떤 대상이 "지성을 즐겁게 할 수 있다."라고 말하는 것은 잘못된 방향으로 호도하여 연구 대상에 힘을 부여하고 그 가치를 지정하려는 것이다. 진실인즉슨, 지성은 어떤 방향으로도 끌릴 수 있다. 지성은 무엇이든 두루 관심을 갖는다. 하지만 그것이 무엇이냐에 따라 지성에 더 큰 자양분이 될 수 있다. 일례로, 마이크로소프트의 전 간부이자 지적재산권 관련 기업을 운영하는 네이선 미어볼드는 분명 매우 지성적인 사람인데도, 이상하게도 호소하는 어조로 이렇게 불평한다. "음악이 예술이라면 왜 음식은 아닌가?"[13] 스테이크가 심포니와 다르고, 파이가 파사칼리아[i]와 다르며, 푸아그라가 푸가와 다르다는 것은 분명히 해야 한다. 또한, 메뉴의 '구성composition'은 레퀴엠 작곡composition과는 다르며, 주방에

---

i passacaglia. 3박자의 조용한 춤곡. 원문에는 'passaglia'로 나와 있는데, 오타인 듯하다.

서 재료를 가열해 접시 위에 배열하는 요리사가 재즈 뮤지션 찰리 파커와 동등한 예술성을 지닌 것은 더더욱 아니다. 이와 반대로, 오지 오스본이나 모차르트가 저녁 식사를 요리해 준다면, 당연히 그들을 신뢰할 수 없을 것이다. 한마디로, 영역이 다른 것이다. 그런데도 미어볼드가 음식의 가치를 그렇게 적극적으로 부풀리는 것은, 불길하게도 제목이 《모더니즘 요리》인, 100만 단어로 이루어진 총 6권 분량의 새 요리책을 홍보하고 있기 때문이다. 책값만 395달러[47만4000원].

BBC의 〈푸드 프로그램〉 인터뷰에서 미어볼드는 자신을 비롯한 일류 예술가적 요리사들이 음식에 '이데올로기적 원칙'을 부여한 사람들에 의해 오해받는, 사면초가에 몰린 소수라고 묘사했다. 실상은 바로 미어볼드 같은 푸디스트들이 오늘날 이데올로기의 주류로 자리 잡았는데도 말이다. 그는 심지어 실험적인 예술-푸디즘에 대한 현대의 불신을 인상파 화가들이 19세기 파리에서 받았던 경악스런 반응에 비유하기까지 했다. "하지만 오늘날 바로 그 그림들(모네의 수련과 세잔의 정물화)이 세계에서 가장 사랑받는 회화이다."라고 그는 의기양양하게 마무리 지었다.[14] 이는 '반 고흐 오류', 즉 기성 화단의 무시와 경멸을 받고 있으니 나는 천재임에 틀림없다고 생각하는 아주 전형적인 논리적 오류의 사례이다. (어쨌든 페란 아드리아('자전거 공기 주입기로 토마토를 부풀리는' 기술 등을 개발한 요리사 말이다.)와 미어볼드가 존경하는 요리사들은 기성 사회에 의해 거부되기는커녕 오히려 지속적인 환대를 받고 있다.)[15]

음식은 가소성이 좋은 표현 수단이어서, 유아라면 잘 알고 있듯이 이런저런 형태를 만들 수 있다. 이런 점 때문에 음식이 예술로 간주되고, 요리사는 록 스타에 버금가는 조각가가 되는 걸까? 이전 세대의 유명 셰프 중 한 명인 (19세기 초 활발히 활동했으며 셰프의 모자인 토크를 처음 만들어 그 공을 인정받은) 파티시에 마리앙투안 카렘은 그렇게 생각한 것이 틀림없다. 헤스턴 블루먼솔이 감탄하며 썼듯이 카렘은 마지팬[i], 돼지 지방, 페이스트리를 재료로 "고대 신전, 원형 건물, 다리 모형"을 정교하게 만들어 솜사탕과 과일로 장식했다. …… 영국의 섭정 왕자 (훗날 조지 4세)가 40명의 사람들을 위해 브라이튼 파빌리온에서 베푼 만찬에서는 48가지 요리로 구성된 첫 번째 코스에 뒤이어 카렘의 창의적인 요리 여덟 가지가 나왔는데, 그중에는 '중국의 암자'와 '터키 모스크 유적'이 있었다.[16] 그러나 여기서도 음식은 예술이 아니다. 모래로 제아무리 정교한 모래성을 쌓는다 해도 예술이 아닌 것과 마찬가지다. 물론, 무엇이든 재료가 될 수 있으니 당근으로 조각상을 만들어 갤러리에 전시할 수도 있을 것이다. 그러나 카렘의 창작 요리들은 음식의 내재된 예술성을 증명했다기보다는 오히려 사치성 낭비로 점철된 주연에서 농담에 가까운 '장관주의spectacularism'를 보여 주는 듯하다. (조각상 같은 음식을 통해 문화적으로 더욱 반향을 일으킨 사례는 록 그룹 롤링 스톤즈의 《Let it Bleed》 앨범 표지를 장식한 케이크이다. 이 케이크는 다름 아닌 딜리아 스미스[영국의 베스트셀러 요리책의 저자이자 요리사]가 뚝딱 만들어 낸 것으로, 그녀는 이렇게 회

i marzipan. 아몬드, 설탕, 달걀을 섞어 반죽한 것.

소위 새롭다는 요리에 대한
끊임없는 요구는
절제를 모르는 부자들 사이에
퍼져 있는 대단히 저속한 열광이다.
참신함! 그게 지배적인 요청이다.
모두가 고압적으로 요구한다.

상한다. "그들은 케이크가 아주 과장되고 최대한 화려하기를 원했어요.")[17]

새로운 푸디즘은 기술적으로 대단히 창의적이어서 예술적이라 할 수 있을지도 모르겠다. 헤스턴 블루먼솔은 액화 질소로 요리한다. 시카고의 '알리니아'의 그랜트 애커츠는 "투명한 장미수 봉투를 발명"했고, 뉴욕의 'wd-5'의 와일리 뒤프렌은 "튀긴 홀란데이즈 소스, 매듭으로 묶은 푸아그라, 인스턴트 두부 국수를 처음 만들었다."[18] 요리사가 과학에 대한 어설픈 지식이 아닌, 그 이상의 학식을 갖춰야 한다는 생각은 어제오늘의 일이 아니다. 19세기 유명 셰프로, 런던의 상류층 모임 장소 '리폼 클럽'에서 요리했으며, 군인들의 식사를 개선하려고 크림 반도까지 다녀 온 알렉시 수아예는 이렇게 말했다. "좋은 요리사가 되려면 의학 지식뿐만 아니라 화학도 정통해야 한다는 게 무엇보다 가장 중요하다."[19] 수아예가 맡았던 전시 임무를 새롭게 이어받은 헤스턴 블루먼솔은 예전에 텔레비전 프로그램에서 영국 해군 잠수함 승무원들이 블루베리나 대구 혀가 들어간 이상한 혼합물을 먹어야 한다고 설득했다가, 그들에게 진짜 필요한 것은 맛 좋은 보통의 음식이라는 사실을 뒤늦게 극적으로 깨닫고 '수비드'[i], 즉 진공 포장된 상태의 소고기 스튜를 조리했다. 예술적인 게 아니라 푸짐한 음식이 필요했던 것이다.[20] 그 뒤로 해군이 수비드 조리법에 관심을 표했다는 사실만 봐도, 그의 전문 지식이 제대로 된 방향으로만 쓰인다

---

i sous vide. 밀폐된 비닐봉지에 담긴 음식물을 미지근한 물속에 오랫동안 데우는 조리법.

면 대단히 유용하다는 걸 알 수 있다. 실제로 그가 한 시간이라는 방송 분량을 채우고자 일부러 터무니없는 음식을 만들고 이를 거부하는 해군들을 통해 억지스런 드라마를 연출할 필요가 없었다면, 틀림없이 곧바로 그런 음식을 제안했을 것이다. (알렉시 수아예의 크림 반도 요리법은 "100명의 남자들을 위한 소금에 절인 돼지고기와 삶은 콩"처럼 먹을 만한 음식이 분명했다.)[21]

요리사에게 끊임없이 새로운 것을 강요하는 관례 또한 오랜 세월 지속되었다. 한 세기 전, 파리 리츠 호텔과 런던 사보이 호텔의 수석 요리사로 많은 존경을 받았으며, 1907년 900쪽의 어마어마한 입문서를 통해 현대 요리의 기법을 정리한 공로를 인정받는 오귀스트 에스코피에는 이렇게 한탄한다. "새로운 요리, 아니 소위 새롭다는 요리에 대한 끊임없는 요구는 절제를 모르는 부자들 사이에 퍼져 있는 대단히 저속한 열광이다. …… 참신함! 그게 지배적인 요청이다. 모두가 고압적으로 요구한다. …… 고객의 바람을 만족시키려고 무슨 독창적인 묘기를 부리라고 우리는 강요받지 않았던가? 개인적으로 나는 새로운 조합을 발견하고자 얼마나 많은 밤을 지새웠는지 이제 헤아리지도 않는다."[22] 모더니즘 요리 창안자들은 불쌍하기까지 하다. 자신이 만든 것을 스스로 먹지 않으니 말이다. (앤서니 보뎅이 일류 요리사들에게 생애 마지막 식사를 택해야 한다면 무얼 먹겠냐고 묻자, 모두 일류 레스토랑과는 전혀 상관없는 평범한 가정식 요리를 꼽았다.)[23] 하지만 요리사나 음반 녹음 기사, 돌격용 소총 디자이너의 기술적 창의성을 존경한다고 해서 그들의 창의성이 예술로 이어지는 것은 아니다.

그렇다면, 요리하기가 일종의 멀티미디어 퍼포먼스가 된다면 혹 예술이 될 수 있을까? 그것은 요리가 음악, 연극을 비롯한 예술 장르에 버금갈 뿐만 아니라 실제로 더 훌륭하다고 여겨질 때까지 멈추지 않겠다고 공표라도 하는 듯한 헤스턴 블루먼솔의 희망이다. "먹는다는 행위는 머리뿐만 아니라 모든 감각을 다 즐겁게 한다. 음식을 준비하고 차려 내놓는 것은, 따라서 가장 복잡하고 종합적인 공연 예술이 될 수 있다."[24] 정말 그럴까? 그리스 비극《오레스테이아》나 프린스의 콘서트보다 더 '복잡하고 종합적'일까? 음, 블루먼솔의 동화 같은 음식이 수록된 화려한 요리책《헤스턴의 환상적인 향연》에는 음식으로 만든 집과 '골 속의 골 튀김' '닭 고환 젤리 빈' '탄산 초콜릿 도어'처럼 현기증을 부르는 개념 예술 요리가 수록되어 있다. 하지만《팻 덕 요리책》이야말로 그의 예술적 전제주의를 더욱 흥미롭게 구현한 요리책이다. 그는 "먹는 동안 세 가지 다른 음향 효과가 들어간 요리"나 향수를 뿌린 요리로 레스토랑 손님의 모든 감각을 한 번에 사로잡고자 한다. 일례로, "굴 그리고 라벤더를 곁들인 패션프루트 젤리의 2002년 버전은 한동안 분무기로 뿌리는 라벤더 정유와 함께 제공되었다."[25] '바다의 소리'라는 해산물 요리에는 소형 MP3 플레이어가 들어 있는 소라고둥이 나와 갈매기 소리와 "해변에 부서지는 파도가 내는 긴 퇴조의 울음"을 들려준다."[26]

여기서 매슈 아널드의 시〈도버 해변〉을 인용한 것을 보면("우울하고 긴 퇴조의 울음"이라는 시구), 최고 기교로 무장된 그의 푸디즘이 임박한 문명의 붕괴를 알리는 전조라고 블루먼솔이 믿고 있음을 무의식적으로 나타내는 건 아닐까. 음식을 예술로 보는 관점이 문화적 우선순위가 붕괴되는 상징적인 의미로 여겨졌던 게 처음은 아닌 듯하다. 로마의 역사학자 리비우스는 외국에서 들여온 사치의 발단은 아시아에서 돌아온 군대가 원인이었다고 지적한다. 청동 카우치와 고급 태피스트리, 그리고 셰프에 대한 전에 없던 존경하는 태도를 들여온 것이다. "고대인이 가장 낮은 신분의 하인으로 대우하던 요리사의 가치가 올라가면서 비천한 일이 예술로 간주되었다."[27] 그렇다면 플라톤의 《국가》에서 소크라테스가 모든 종류의 화려한 음식을 가리켜 "흥분한" 사회에서나 먹는 것이라고 단언하며 씌운 도덕적 혐의는 바로 푸디스트의 속물근성을 뒤집어 말하고 있음을 우린 인정해야 한다.[28]

블루먼솔의 작업에서 더욱 흥미로운 점은, 고의든 아니든 이탈리아의 미래파 예술가인 마리네티가 1932년 《미래파 요리책》에서 엮은, 요리에 관한 생각을 재창조하고 있다는 것이다. 헤스턴은 소리와 맛의 관련성에 대해 궁금해하는데, 마침 마리네티는 그 관련성에 이름을 붙여 놨다("콘루모어conrumore…… 예: 오렌지 소스 라이스와 오토바이 엔진의 콘루모어").[29] 또한, "놀라운 재료인 시와 음악을 정해진 양만큼 사용"할 것을 요구한다.[30](푸디스트의 도시 로마에서 "만찬은 하프를 연주하고 노래하고 숨추는 여인들을 비롯해 다른 여러 오락거리 덕분에 더욱 즐거워졌다."라고 하니 누구도 반대할 수 없는 게 당연하다.)[31] 헤스턴은 라벤더 정유를 뿌리는 웨이터를 두고 있는데, 마리네티는 그의 책에서 "모든 요리에 앞서 향수를 뿌리되, 그다음에는 선풍기의 힘을 빌려 테이블에서 향수 냄새를 몰아내야 한다."라고 주장한다.[32] 또한, 마리네티는 오존 발생기와 자외선 램프를 비롯한 "부엌에서 사용할 수 있는 수많은 과학적 도구"에 관해 열에 들떠 말한다. 역시나 이런 "기술집약적인 장식품"으로 가득한 헤스턴의 《팻덕 요리법》도 액화 질소와 탈염수, 그리고 실험용 단열 용기인 듀어병과 굴절계 같은 장치를 사용하라고 권장한다.[33] 2009년에 맷 와인가턴이라는 뉴욕 시의 요리사는 마리네티의 요리책을 바탕으로 100명의 손님을 위한 미래파 만찬을 열었다.[34] 이렇듯 100년도 더 전에 에스코피에가 맹렬히 비난했던 음식의 "참신함에 대한 광적인 사랑"은 여전히 진행 중이다. (페란 아드리아는 모호하게도 "20년 혹은 25년 주기로 새로운 음식에 대한 운동"이 필요하다고 설파했다. 도대체 왜?)[35]

미래파 요리는 동기 면에서 명백하게 파시스트적이다. "청년 문화의 군국화야말로 우리가 힘을 얻는 곳이다." 마리네티는 이렇게 선언한다. "따라서 우리는 이탈리아의 요리법이 박물관에 남아 있기를 원하지 않는다."[36] 하지만 음식을 먹는 경험의 모든 면면을 통제하려는 요구에서 더욱 미묘한 종류의 독재주의가 엿보이는데, 이는 헤스턴 블루먼솔이 희망하는 것과도 일맥상통한다. 그 야망인즉슨, 음식을 바그너의 '종합 예술'로 만들고자 하는 것이다. 그러나 레스토랑에서 음식을 먹는 목적이 얼음 위 바닷가재들의 고품격 뮤지컬 플로어 쇼를 끝까지 지켜보는 게 아니라면? 음식이 아닌 다른 뭔가를 생각하며 이야기하는 것이라면?

물론 '팻덕' 레스토랑에 매일 가는 것도 아니니까, 이런 푸디스트 서커스에 자신의 감각을 흠뻑 적셔 보는 게 분명 즐거운 경험은 될 테다. 비교적 덜 극적인 편이었던 '비아잔테'에서 내가 즐거운 경험을 했듯이. 하지만 다행스럽게도 실제로 그런 음식을 먹으려면 비용이 만만치 않기에 그저 읽는 것만으로도 꽤 흥미롭긴 하다. 보통 사람이 헤스턴의 《팻덕 요리책》에 나오는 요리법을 따라 요리하는 것은 불가능할 뿐만 아니라, 그러한 책들은 사실상 환상소설의 바로크 양식에 다름 아니다. 그러니 음식이 예술이라고 우기는 이론가들이 요리책에 대해서는 문학의 지위를 주장하지 않는 게 놀라울 따름이다. 점심이 예술이 될 수 있다는 주장보다는 더 타당할 것 같은데 말이다. 내장 요리의 선구자인 퍼거스 헨더슨의 간결하면서도 유머 넘치는 산문(그의 책 《코에서 꼬리까지 먹기》[i])은 현대의 많은 '문학적인' 소설보다 스타일이 돋보이는 참 잘 쓴 글이다. 그러나 모두들 록 스타가 되길 원할 뿐, 잉크로 얼룩진 가여운 글쓰기 노동자가 되길 바라는 사람은 별로 없다. 아마도 푸디스트들은 그들의 '열정'이 글쓰기라는 일반적인 부류에 속하는 걸 원치 않는 모양이다. 그렇게 되면, 누군가의 만찬에 대해 내내 골몰하는 대신, 다양한 주제를 다룬 여러 재미난 책을 읽고 싶은 유혹에 빠질 거라 생각하기 때문이려나.

i 돼지고기의 모든 부위를 요리하는 것에 관한 책으로, 미국에서 잘 사용되지 않는 부위까지 포함하고 있다.

언어로 끓인
수프

04

*You Aren't
What You Eat*

누보로망[i]의 중심적 존재인 프랑스 작가 알랭 로브그리예는 친구인 롤랑 바르트와 함께 점심을 먹으며 나눈 이야기를 들려준다. "레스토랑에서 사람들이 즐겨 탐식하는 것은 메뉴, 그러니까 음식이 아니라 음식에 대한 묘사라고 바르트가 말했다. 자 보시라, 그는 자신이 흠모하는 요리의 모든 기술을 추상적인 어휘 연습 정도로 격하하였다!"[1]

그러나 바르트는 친구 알랭 로브그리예보다 더 많은 것을 이해하고 있었다. 레스토랑의 메뉴는 만족감에 대한 유혹적인 약속은 물론 일종의 구상시[ii]일 뿐 아니라, 즐거운 소비에 대한 차용증이기도 하다. 뿐만 아니라, 바르트가 다른 지면에서 언급했듯이, 메뉴는 특정 음식 체계system의 구문syntax이며, 실제로 테이블에 도착한 음식을 경험하는 방식마저 바꿔 놓을 수 있다.[2] 메뉴에 묘사된 언어적 구성으로 인해 맛에 대한 평가가 달라졌다고 나타난 것이다.

---

i 전통적인 소설의 형식이나 관습을 부정하고 새로운 수법을 시도한 소설.
ii 시어를 그림 모양으로 배열하는 전위시.

한 실험에서 두 심리학자가 다른 그룹의 사람들에게 헤스턴 블루
먼솔의 '게 아이스크림'을 주면서 각각 다른 방식으로 설명했다. 한
그룹에게는 '풍미 좋은 무스'를 먹게 될 거라 말했고, 다른 그룹에게
는 '아이스크림'이라고만 말했다. 풍미 좋은 무스를 받은 사람들은
먹고서 맛있다고 했지만, 아이스크림을 먹었다고 생각한 그룹은 아
이스크림이 "역겹다."라거나 "지금껏 맛본 것 중 가장 불쾌한 음식"
이라고 한 이들도 있었다.[3] (이와 마찬가지로, '비아잔테'에서 능청스럽게 올
리브라고 속였던, 내가 먹은 금귤 또한 실제로 매우 희귀한 맛이었다.) 심리학자들
은 이에 덧붙여 "곧 먹게 될 음식의 시각적 이미지나 언어적 묘사가
불러일으키는 맛에 대한 기대"가 없다면, 대부분의 음식이 "더 맛없
게" 느껴진다고 한다. 테리 길리엄 감독의 영화 〈브라질〉 중 레스토
랑에서의 한 장면이 떠오르는 대목인데, 나오는 음식은 한결같이 꿀
꿀이죽 같은 갈색 덩어리이지만, 그 옆에 붙여 놓은 컬러 사진과 어
떤 음식인지 알려 주는 이름은 제각각이다. 예를 들면, '넘버 2 : 오렌
지 소스 오리 구이' '넘버 1 : 마요네즈 소스 새우 요리' 이런 식이다.
(철학자 슬라보이 지제크는 "음식의 이미지와 형태 없는 그 배설물의 잔여의 실제 사
이에 존재하는 간극은, 실제 현실이 그저 유령 같고 비현실적인 인터페이스 이미지 속
으로 분해되는 완벽한 사례를 보여 준다."라고 한다.)[4] 그렇다면, 로브그리예가
생각하듯이 메뉴에 나타나는 "어휘 연습"은 단지 "추상적인" 것만
이 아니다. 우리는 메뉴의 단어들을 먹고 있다.

미식 언어 공학의 현황에 대한 사례로, 영국 레이크 지구의 미슐랭

스타 레스토랑 '렁클륌'ⁱ과 2011년 11월 이 레스토랑 웹사이트에 게시된 메뉴를 살펴보기로 하자. 나는 언어-미각 실험으로, 상세한 뒷조사 없이 그저 메뉴를 읽어 보겠다. 그럼으로써, 레스토랑에 온 손님이 막 자리에 앉아 요리에 관한 설명을 읽고 곧 먹게 될 음식이 정확히 무얼까 궁금해하는 즐거운 여정에 감정이입하여 문학적으로 재현해 보고자 한다. 제일 먼저 상상력을 발휘해 보자고 제안하는 음식은 바로 '브론과 쥬니퍼를 곁들인 당근 자루와 프라이드 케이크, 크레스 어린 잎'이다. 참으로 감질나게 모호한 걸작 이름이라 하겠다. 고백하건대, '당근 자루'가 뭔지 난 도통 모르겠다. 당근 20킬로그램을 운반할 때 쓰는 거칠고 튼튼한 부대 자루는 아닐 테고, 대체 뭐란 말인가? 당근을 깎아 낸 부스러기로 정교하게 엮어 만든 작은 모형 자루? 이 요리에는 '프라이드 케이크'도 포함되어 있는데, 초콜릿이나 스폰지 케이크를 튀긴다는 게 가당키나 한지 숙고하게 만들지만, 설마 그럴 리가. 그럼, 어묵 완자[으깬 어육과 감자로 만든, 크로켓 비슷한 음식]를 말하는 건가? 누가 알겠는가? 다시 말하지만 그게 어떤 음식인지 밝혀 낼 의도는 없다. 이 책의 독자가 이 레스토랑으로 직접 미식 여행을 나섰을 때, 기상천외한 이름 짓기에 대경실색할 기회를 내가 망쳐서는 안 되니까.

내가 한 가지 아는 것은 '브론brawn'이 돼지머리 고기로 만든 파테라는 건데, 이 이름은 메뉴에 사용되는 완곡 어법의 명확한 사례이

---

i L'Enclume. 모루를 뜻하는 프랑스어.

다. 죽은 동물의 부위에 관해 말할 때는 편안함이 느껴지는 동사를 사용하는 경향이 있다. 스티브 쿠건과 롭 브라이던의 텔레비전 시리즈 〈트립The Trip〉에서 '렁클륌'의 웨이터가 요리를 소개하며 "베이비 여왕 가리비인 맹크스 퀴니 요리입니다. 가리비들이 구운 베이비 젬 양 상추와 파슬리 쿨리스, 그리고 크림이 가볍게 들어간 홀스래디시 소스 위에서 편히 쉬고 있습니다."라고 한 말처럼. 웨이터가 떠나자 브라이던이 한마디 한다. "편히 쉬고 있다니, 좀 낙관적으로 들리네요. 편히 쉬던 날은 끝나 버린 거죠. 걔네들은 죽은 거잖아요."[5] (〈트립〉은 무엇보다 푸디즘에 대한 멋진 풍자 프로그램이자, 이제 중년의 남자들이 어울려 함께 비싼 음식을 사 먹는 일이 시대정신에 가까운 사실임을 보여 준다. 실제로 내 지인 중에는 남자 둘이서 〈트립〉 프로그램에 나온 레스토랑을 찾아다니는 음식 순례에 나섰는데, 한 웨이터가 재미있어하며 알려 준 바에 따르면 그런 순례를 하는 남자들이 한둘이 아니라는 거다.) 훨씬 앙증맞게도, 동물의 부위가 (시금치 혹은 파슬리 쿨리스, 여튼 뭐가 됐든) "침대" 위에서 누군가 포크로 찍어 주길 기다리며 "편히 쉬고 있다."라고 말하는 경우도 많은데, 곧 다가올 폭력에 대한 성적 환상까지 담겨 있는 듯하다. 마치 풍만한 가슴의 여주인공이 창문을 열어 놓고 드라큘라 백작을 기다리기라도 하는 듯이.

한편, 우리가 절대 먹고 싶어 하지 않을 것이 아기 동물일 텐데, 어째서 메뉴를 묘사하는 설명에서 "베이비"라는 단어가 역겹게 느껴지지 않는지는 흥미로운 실문거리가 된다. 하지만 일단 우리가 "베이비" 양이나 "베이비" 여왕 가리비가 "편히 쉴 수 있다"는 상상의 세계 속으로 안심하고 들어가게 되면("가리비"의 경우, 또 다른 베이비 위에서 편히 쉬고 있는데, 바로 "베이비 젬 양상추". 채소(베이비 당근, 베이비 채소) 또한 아기의 일반적인 좋은 특징들을 다 공유하면서 미학적 즐거움을 위해 쌓아 올린 위태로운 탑의 한 부분을 이루고 있다), 이러한 '아기' 생물체를 입에 처음 넣는 그 순간의 행동이 부조리하게 끔찍한 일로 여겨지지 않는 완곡한 꿈에 감싸인다. 그렇지 않았더라면 끔찍한 일이었을 텐데 말이다. 음식에 "베이비"라는 말을 붙이는 이유는, 아기들이 미소 짓고 잘 믿는 대상으로 묘사되니 친근하면서도 위협적이지 않게 들리기 때문일 것이다.

'렁클륌' 메뉴에서 또 다른 요리 이름은 이렇다. '희귀종rare breed 돼지고기와 바삭한 껍질, 서양 우엉, 양파, 산울타리 마늘hedge garlic'(메뉴의 거의 모든 요리가 그렇듯 음식을 요리하는 방식에 관한 단서는 전혀 없다. 적어도 앞서 언급한 요리에서 케이크는 튀겨졌다. 그런데 이 껍질은 어떻게 해서 바삭하다는 걸까? 돼지 껍질이긴 한 건가? 오셀롯[i] 가죽을 토치로 가열한 건 아닌지, 원.) 나는 희귀종 돼지고기를 먹게 되리란 말을 맞닥뜨릴 때마다 진심으로 생태계에 관한 걱정이 앞선다. 이런 동물들이 그토록 희귀하다면 우리가 꼭 먹어야 할까? 허무주의에 빠진 미식 마니아들에게 게걸스럽게 먹혀 멸종되는 게 아닐까? 어쨌든 간에 희귀종이 일반 품종보다 더 맛있으리라는 보장이 없을뿐더러, 희귀종은 진화상의 실수, 돼지 DNA의 종말일지도 모른다. 다행스럽게도, 예사롭지 않은 푸디스트 안내서인

---

i ocelot. 중남미산(産)의 표범 비슷한 스라소니.

메뉴에 나타나는
"어휘 연습"은 단지
"추상적인" 것만이 아니다.
우리는 메뉴의 단어들을
먹고 있다.

《더 좋은 푸디가 되는 법》의 저자 수디 피굿은 이렇게 설명한다. "계통 품종이 곧 멸종된다는 뜻은 아니다. 오히려 그 반대이다. 매우 필요하기에 개체수가 회복되고 있다."[6] 그렇다면 다음과 같은 역설적인 상황이 발생한다. 푸디스트들이 떼를 지어 돼지처럼 많이 먹어 준 덕분에 과거의 '희귀' 품종이 아주 흔해지면 '레어' 대신 '빈티지' 돼지고기라고 알려 줘야 마땅하지 않나. ('룽클룀'에는 기가 막히게도 '빈티지 감자'가 나오는 요리도 있다.) 한편, '산울타리 마늘'은 뭘까? 잉글랜드 시골바람에 이리저리 자유롭게 흔들리는 통마늘이 울타리에 매달린 아늑하고 전원적인 풍경이 떠오르지만, 사실인즉슨(그렇다. 결국 찾아봤다.) 울타리 옆에 종종 발견되는 녹색 식물(학명: 알리아리아 페티오라타)을 뜻하며, '산울타리 옆 잭'과 '빈자의 겨자'라는 이름으로도 알려져 있다. 고급 레스토랑이라면 도무지 어울리지 않는 이런 별명을 가진 채소를 택하지 말았어야 하는 게 아닌가. 그 이유야 누구나 금세 눈칠 챌 것이다. (나는 가난한 사람이 먹는 걸 맛보려고 이 비싼 데 온 게 아니란 말이다.)

정밀한 묘사로 손님이 안심할 만한 고급 음식으로 차별을 두려는 인상은 이곳에서 새로운 차원의 기교를 이룬다. '우유 먹은 고트의 홀커 스프링 램, 양젖 커드[i], 순무, 램슨ramson' 대체 이 세상에 램슨이 뭔지 아는 사람이 과연 있기나 할까. (답: '야생마늘'이나 '산마늘' '곰마늘'로도 불리는 양파과 식물로 마늘 맛이 난다. 골파와 동류.) 이제부터는 '스프링

---

i curd. 커드는 산이나 효소로 우유 속 카세인을 응고한 것이며, 치즈는 유산균으로 약간 발효한 우유에 응유 효소를 가하여 생긴 커드를 가온·분리 숙성한 것이다.

램'에 관한 어휘 문제. 스프링 램이 봄에 먹는 어린 양고기를 뜻했던 적이 있다. 도세트 혼이라는 오래된 영국 품종인 암양은 가을에 새끼를 낳았고, 그 새끼는 겨울 동안 충분히 자라서 부활절 무렵에 딱 먹기 좋게 컸다. 하지만 대다수 품종의 양은 봄에 새끼를 낳아 겨울에 먹어야 했다.[7] 혼란스럽게도 이제 사람들은 일 년 내내 스프링 램을 먹길 원해서 업계에서 말하는 스프링 램은 "풀밭에서 자라다가 한 해의 특정 계절이 아니라 적당한 무게가 되었을 때 도살되는" 양에 불과하다.[8] 이런 점을 모두 감안하면 '스프링 램'이라는 명칭은 결코 믿을 수 없다. 지구상 어딘가에서 적어도 4월쯤에 초원을 즐겁게 뛰어다니던 양의 고기가 접시 위에 놓여 있다는 기분 좋은 이미지를 떠올리려는 이름일 뿐이다.

'렁클림'의 스프링 램은 "우유 먹인 양"이라고 안심시키고 있는데, 이는 소의 뼈나 해면 같은 판다의 뇌를 갈아 만든 사료를 강제로 먹인 양고기를 먹고 싶어 하는 사람은 없기 때문이다. 한편, 배고픈 독일인의 절규라는 뜻일 것 같은 '고트의 홀커Gott's Holker'[i]는 다름 아닌 앞서 언급한 우유를 먹인 스프링 램으로, 알고 보면(맞다, 결국 포기하고 이것 역시 찾아봤다.) 목양업자이자 양의 우유로 치즈를 만들어 파는 마르틴 고트란 자가 운영하는 홀커 농장의 양이란 뜻이다. 이렇게 해서 이름이 '우유 먹은 고트의 홀커 스프링 램'. 그렇게 맛깔나게 이름 지었

---

i Holker에서 '소리치다'라는 의미의 동사 'holler'가 연상된다.

으니 당연히 맛이야 더 있을 거다.

메뉴에 사용되는 언어의 또 다른 추세는, 헤스턴 블루먼솔의 '액화 질소에 데친 녹차와 라임 무스'처럼 객관적인 과학적 용어를 조합해 이름을 짓는 것이다.[9] 일례로, 브렌트 휼레나가 운영하는 컴브리아의 '히핑 홀'에서 제공되는 '케이퍼 에멀전에 담근 가리비'에서처럼 에멀전emulsion은 (가령 '오일을 드리즐한 것'처럼 여기저기서 사용되는) '드리즐'[i]의 최신 대체용어이다. 물론, 진보적인 에르베 디스가 이미 지루하다고 치부해 버린 '서스펜션' '젤' '에어로졸' 같은 단어들처럼[10] 언젠가 에멀전 역시 따분하게 여겨질 테고, 사람들의 관심을 불러일으키려고 또 다른 새 용어가 필요하게 될 것이다. 에르베는 직접 흥미로운 단서를 제공한다. "자연이 피라미드 형태의 과일이나 채소, 고기, 물고기를 생산하지 않는다는 걸 주목해 보자. …… 이 같은 시각적 형태를 선택할 때 다른 고전 음식과의 비교는 피해야 할 것이다."[11] 누가 좀 이 인간에게 삼각뿔 모양의 토블론 초콜릿 바를 쥐여 줘야 할 것 같다.

반면, 가장 단순한 스타일, 순전히 목록에 가까운 메뉴도 있다. 기이한 재료들의 혼합이 그 자체로 충격을 주리라 확신하듯 말이다. 그래서인지 시카고에 있는 랜트 애커츠의 '알리니아'에서는 테이스팅 메뉴로 (과학적 냄새를 풍기려는 듯 시험관처럼 생긴 그릇에 담긴) '풍선껌, 필발

---

i drizzle. 음식에 소스 등을 조심스럽게 부어 알맞은 농도를 유지하는 것.

[long pepper, 후춧과의 풀], 히비스쿠스, 크렘 프레슈' 요리를 특선으로 내
놓는다. 2011년 말의 이 메뉴는, 참 특이하게도 '익스플로전explosion'
이라는 재료를 사용한 요리 (주요 재료이자 요리 이름인 '블랙 트러플'[값비싼 송로
가운데서도 최상급] 뒤에는 어렴풋한 회색 동그라미, 그리고 '익스플로전, 로메인, 파르메산
치즈'라는 단어가 이어진다.)[12]와 비교해 보면 과장은 없는 편이다. 이는 (레
스토랑 비평가들이 여기저기서 쓰는) "폭발하듯 터져 나오는 풍미"라는 상투
적인 표현에 대한 가벼운 농담이거나, 송로가 접시 위 곳곳에 폭발하
듯 교묘하게 배치되어 있는 걸 묘사하는 건지도 모른다. 실제로 재료
를 폭발시켜 놓은 듯한 요리를 먹는다면 〈발퀴레의 질주〉[i]를 듣는 순
간의 웅장한 에너지를 느낄 수 있으려나? (어쩌면 헤스턴 블루먼솔은 C4 폭
탄과 수류탄을 세심하게 적용해 '감정'을 가지고 새 요리를 실험하고 있는지 모르겠다.)
아, 결국 이것 역시 찾아봤다. '블랙 트러플'이라는 요리는 숟가락에
내 놓는 싱글 라비올리[ii]로, 한 푸드 블로거의 묘사에 따르면, "정말로
당신의 입에서 폭발한다."[13] 물론 여기서 "정말로"는 오늘날 '문자 그
대로'가 비유적으로 사용될 때처럼, '그렇지 않다'는 뜻이다. (그렇다면,
'비아잔테'에서 맛본 아주 작은 치킨 파르페 샌드위치도 '타이 익스플로전 II'라고 이름
붙여야 할 것 같다. 두말할 나위 없이 폭발하는 것은 전혀 없었다.)

그런데 때로는 식품의 이름이 본래 비호감이어서 이름을 바꿔야
하는 경우도 있다. 《뉴욕 타임스》 레스토랑 비평가인 루스 라이셜은

i 오페라 〈발퀴레〉 3막에 나와 무대를 압도하는 강렬한 곡.
ii ravioli. 고기, 치즈 등으로 속을 채운 작은 사각형의 파스타.

레스토랑에서 짜증스러운 동료의 눈 속 비늘을 벗겨 주었던 일화를 들려준다. "당신은 칠레 농어Chilean sea bass를 주문했지요. …… 그러나 그런 건 없답니다. 당신이 먹고 있는 건 파타고니아 비막치어 Patagonian toothfish라는 거예요. …… 그런 이름으론 잘 팔리지 않으니까 이름을 바꾼 겁니다."[14] 이처럼 1970년대에 '칠레 농어'로 개명한 이 생선은 사실 농어가 아닌데도 인기가 높아져 개체수가 급감할 정도로 어획되었고, 같은 기간에 부시돌치slimehead fish라는 생선은 이국적인 오렌지 러피orange roughy로 개명해 판매되었다. 구즈피시 [goosefish, 아귀]의 경우, 1980년대 중반에 몽크피시monkfish로 개명하자 갑자기 인기가 치솟았다. 그리고 오늘날 미국에서 캣피시[catfish, 메기]는 델라카타delacata라는 새 이름으로 판매되고 있다.[15]

이 장을 열면서 언급했던 '게 아이스크림' 심리 실험을 감안해 보면, 생선에 새 이름을 붙이면 더 잘 팔릴 뿐만 아니라 더 맛있게 느껴진다는 것은 꽤 그럴 법하다. 이름이 맛있게 느껴져야 맛도 좋을 테니까. 그런데 요리의 이름은 비극적이게도 반사회적 오명을 벗으려고 개명되기도 한다. 터키 요리인 '시가렛 보렉'[i]은 페타 치즈와 파슬리로 속을 채워 기름에 튀긴 페이스트리로, 얇고 길쭉한 모양이 담배를 닮아 그렇게 불린다. 불행하게도 이 시대는 담배의 ㄷ 자도 꺼내선 안 되는 시대이다. 바로 그 단어가 해로운 영향력을 발휘해, 포장 담배가 있다

---

i cigarette borek. 터키어로는 시가랴 보렉(sigara boregi), 시가라(sigara)는 담배라는 뜻.

이런 모든 전략을 펼칠 때
메뉴는 매우 입에 발린 방식으로
손님이 식별력이라는 미묘한
안목을 갖춘 듯 느끼게 한다.
메뉴는 문학적 산물로
실제로 영향력이 있다.

는 것도 들어 본 적 없는 그저 페이스트리를 즐기는 순진한 이들을 단번에 눈이 움푹 꺼진 니코틴 중독자로 만들어선 안 되니 말이다. 그리하여, 보건에 신경 쓰는 아다파자리 시의 레스토랑 소유주 조합은 이 같은 유해 이미지를 지우기 위한 방안을 주제로 회의를 열었고, 최선의 해결책으로서 페이스트리의 이름을 앞으로 '펜슬 보렉'으로 부르기로 결정했다.[16] 터키의 '펜슬 페이스트리' 판매가 치솟을지는 두고 봐야 할 일이지만, 청교도적인 정화가 이루어진 이름이 제대로 효과를 발휘한다면, 그렇게 될지도 모를 일이다.

품종 설명, 화학 실험 용어, 상류 레스토랑에서의 재료 이미지 개선 같은 이런 모든 수단은 레스토랑 손님의 의혹을 잠재우기 위한 것이다. 이와 유사한 최근의 풍조 중 하나가 '제대로 된proper'이라는 수식어를 넣어 안심시키는 것이다. 그 단어는 미식으로 유명한 식당의 메뉴('제대로 된 포크파이' '제대로 된 매시'), 맥도널드 체인점보다 한 수 위인 수제 버거 가게(런던의 바이런 체인점은 '제대로 된 햄버거'를 약속한다), 이스트 엔드 시장에서 제이미 올리버가 베트남 음식 반미[Banh Mi. 베트남 바게트]를 우적우적 씹으며 감미로울 정도로 다정하게 중얼거리는 말("이건 제대로 된, 제대로 된 샌드위치군요.")[17], 그리고 그의 요리 이름, 예를 들면 '제대로 된 블로크[bloke. 남성을 뜻하는 속어]의 소시지 푸실리', '제대로 된 폴렌타[i]를 곁들인 놀라운 게임 버드[ii] 로스트'[18]에 이르기까지 어디서나

i polenta. 이탈리아 요리에 쓰이는 옥수수 가루로 만든 음식.
ii game bird. 꿩, 칠면조, 비둘기, 도요새 등 식용이 가능한 야생 조류.

등장한다. '제대로 된'이라는 말을 사용하는 이유가, 미심쩍은 외국의 관행 때문이든 현대의 산업화된 공정에서 들어가는 불순물 때문이든, 이 말은 지나친 장식성에 대한 의혹을 사전에 걱정하고, 키운다(심지어 의혹을 심어 준다). 이 말은 또한 반들반들한 턱살을 가진 영국 수상 데이비드 캐머런이 즐겨 쓰는 수식어 중 하나로, '제대로 된 정치' '제대로 된 단죄' '제대로 된 출입국 관리'가 바로 그런 예이다. 여기서 '제대로 된'이라는 말은 특권이 주어진 듯 보이는 걸 피하려는 전략으로 활용되며, 동시에 교묘하게도 반주지주의적 편견으로 작용한다('제대로 된', 즉 적절하다는 것은 지나치게 생각하지 않는다는 것이다). 지나치다 싶게 촉촉한 피부를 한 저돌적인 서고트족 같은 캐머런이 BBC와 대학('제대로 된' 교육), 국민건강보험('제대로 된' 의료 서비스)에 불리한 속물적인 경제 캠페인을 펼치고 있기 때문이다. 데이비드 캐머런의 번들거리는 입술에서 쉰 목소리로 흘러나오는 '제대로 된'이라는 말을 사람들이 의심해야 하듯, 메뉴에 등장하는 그 말에 대해서도 의혹을 가져야 한다. 다시 말해, 그것은 전통적 순수성에 대한 예언적 호소 그 이상의 것 아닐까?

때로는 메뉴의 세련된 균형이 상업적인 이유로 깨지기도 하는 모양이다. 이런 이유로 마르코 피에르 화이트는 자신의 레스토랑 '하비스'에서 판매했던 '초콜릿 아시에트'에 대해 놀랄 만큼 병적인 격분을 퍼붓는다. 초콜릿 아시에트lassiette. 접시라는 뜻의 프랑스어]에는 화이트 초콜릿 셔벗, 다크 초콜릿 무스, 라즈베리 무스, 초콜릿 소스와 박편sheeting,

오렌지 껍질과 라즈베리, 민트 잎으로 장식한 핫 초콜릿 수플레를 함께 내놓는 이른바 초콜릿 개론서라 할 만한 메뉴인데, 화이트는 이렇게 말한다. "혐오스럽다. 끔찍한 요리다. 그야말로 상스러움 그 자체다. 교외 주민suburbia을 위해 고안된 요리이니 '초콜릿 서버비아suburbia'라 불러야 마땅하다. 우리가 왜 그걸 내놓느냐고? 왜냐면 우리는 상업적이니까. 하루가 끝날 무렵, 손님을 기쁘게 해야 하니까. 그리고 이 요리가 그 일을 해내니까."[19] 그의 말을 염두에 둔다면, 요리 이름에 단순히 한 '접시plate'가 아니라 세련된 멋을 풍기도록 '아시에트'라는 프랑스어를 사용해 화이트가 요리 이름에서부터 굉장히 알뜰하게 빈정대고 있음을 알 수 있다.

이렇게 메뉴에서 요리 이름은 미각적인 즐거움, 입에 닿는 흥미로운 느낌, 자연과의 교감, 윤리적 책임, 요리에 응용된 과학, 편안한 분위기에서 기꺼이 제물로 바쳐진 고기, 혐오스럽지 않은 이름의 생선을 약속하며 심지어 야유까지 담아낸다. 이런 모든 전략을 펼칠 때 메뉴는 매우 입에 발린 방식으로 손님이 식별력이라는 미묘한 안목을 갖춘 듯 느끼게 한다. 메뉴는 문학적 산물로 실제로 영향력이 있다. 한마디로 심리적인 아뮤즈 괼[i]인 셈이다. 그러니 누군가 메뉴를 말 그대로 아뮤즈 괼로 만드는 기발한 생각을 내더라도 놀라지 마시라. 예를 들어, 시카고의 '알리니아'에서 메뉴판을 읽고 난 뒤 그 메뉴판

---

i amuse-gueule. 식욕 촉진을 위해 마시는 식전주 아페리티프와 함께 먹는 비스킷이나 샌드위치.

을 먹을 수도 있지 않을까. 레이저와 액화 질소, 잉크젯 프린터로 만들어졌으니까. 어쩌면 먹을 수 있는 메뉴가 정찬에 미치는 효과는 먹을 수 있는 속옷이 섹스에 미치는 효과와 비슷할지도 모르겠다. 약삭빠르게 느껴지겠지만 그 유사성에 대한 자세한 설명은 독자를 위한 연습 문제로 남겨 놓으련다.

섹스가
흘러넘치는 접시

05

You Aren't
What You Eat

끈적이는 손가락만으로는 부족하다. 이제는 끈적이는 얼굴도 필요하
다. 2011년 12월, 얼굴에 소금 캐러멜이 흘러내리고 있는 나이젤라
로슨의 사진으로 표지를 장식한 잡지 《스타일리스트》가 트위터를 뜨
겁게 달궜다. 나이젤라는 그 사진에 성적인 이미지는 없다고 능청스
럽게 부인했지만("그건 단지 캐러멜에 대한 열광적인 기쁨을 표현한 거예요.") 의
심 많은 사람이라면 캐러멜에서 얻는 즐거움은 카메라가 지켜보는 가
운데 캐러멜을 뒤집어쓰는 게 아니라 우적우적 씹어 먹는 데서 온다
는 걸 지적할 테다. 나이젤라의 얼굴에 끼얹어진 갈색의 점액질에서
여자 포르노 배우 얼굴 위에 끼얹어진 흰색의 점액질을 연상시키려는
의도를 읽는다면 외설적이라고 몰아붙이려나? 하지만 아무리 봐도
캐러멜 사진은 머니숏[i] 그 자체이다.

i money shot. 영화의 상업적 성취를 이뤄 주는 장면이라는 뜻으로, 특히 포르노 영화에서 남자 배
  우가 사정하는 순간을 가리킨다.

나이젤라 자신은 '이중적 의미'[i]를 의도한 게 아니라고 당당히 부인했는데, 어떤 면에서 그녀의 말은 사실이다. 그녀가 진행하는 텔레비전 요리 프로그램에서 섹스 수다는 '이중적 의미'로 읽힐 만큼 은근하게 펼쳐지지 않는다. 오히려 노골적이다.("오, 이 멋진 황금색의 둥그런 알 모양을 보세요. 제 입으로 그걸 잘 다룰 수 있겠어요.") 하지만 나이젤라는 흔한 예수 수난극에 등장하는 영악한 요부형 배우일 뿐이다. 모두가 '가스트로포르노gastroporn'라고 불리는 것을 장난스럽게 즐기고, 죄가 되는 맛있는 음식을 기뻐하면서 마음껏 '외설'을 즐긴다. 그런 한편, 무언가 잘못됐다는 것은 부인한다.

현대의 푸디스트들이 음식과 섹스 사이의 연결고리를 만들어 낸 것이 아닌데도(B. R. 마이어스가 농담처럼 쾌감 불감증이라고 하듯이, '구강의 쾌락들'은 어쨌든 다채롭다), 그들은 음식과 섹스를 연관시켜 끊임없이 떠들어 댄다.[1] 아마도 음식에 대한 집착으로 비대해진 그들이 항상 뭔가 삼키는 데 몰두한 나머지, 육체적 사랑은 많이 못 해 봐서 그럴 거라 짐작해 본다. 이러한 공허함을 더 많은 음식으로 채우려는 노력은 엘리자베스 길버트의《먹고 기도하고 사랑하라》의 한 대목에 잘 드러나 있다. 그녀는 한밤중에 "무거운 한숨을 내쉬며 허기" 때문에 깨어나는데 "너무 깊은 곳에서 느껴지는 그 허기를 어떻게 달래야 할지 알 수 없었다." 그래서 그녀는 감자튀김을 먹는 내내 "사랑을 나누는 행위

---

i double entendre. 이중적 의미를 갖는 어구를 뜻하는데, 보통 그중 한 가지가 섹스와 관련된 것이다.

대신 500그램의 튀긴 감자로 만족할 수 있겠는지 자신의 몸에 물어본다." 아니, 이걸론 어림도 없다고 몸이 대답하자 그녀는 침대로 올라가 이렇게 묻는다. "괜찮다면 마스터베이션이라고 말해도 될까?"[2] 그녀의 책 전체가 마치 이 지점까지는 자위가 아닌 다양한 푸디스트와 영적인 부류에 관한 주제를 다루기라도 했던 것처럼 그렇게 말한다.

특정 음식은 오랫동안 최음제로 명성이 높았다. 그러나 "모든 짐승은 교미를 끝낸 뒤에 슬프다post coitum omne animal triste est"라는 관용구는 섹스 그 자체뿐만 아니라 성애화된 먹는 행위에도 적용되는 것 같다. 실제로 '프렌치 런드리' 같은 푸디스트의 메카에서 '팡타그뤼엘풍'[i]의 테이스팅 메뉴를 먹고 나면, 누구라도 섹스 따위에는 마음이 가지 않을 거라 앤서니 보댕은 전한다. 대신, 행복감에 젖은 푸디스트는 중세의 수도사처럼 "방귀를 끼고 트림을 하고 …… 송로버섯이 점점이 박힌 덩어리를 변기 속에 분사하지 않으려고 갖은 애를 쓰게 될 것이다."[3] 하기야 음악이 사랑의 양식이라면, 음식은 그 자체로 사랑의 양식은 아니라는 결론이 나온다. (제이 레이너는 《최음제 백과사전》이라고 내세운 신간에 회의적인 시각을 보내며 이렇게 지적한다. "진정으로 섭취 가능한 유일한 최음제는 단 하나인데, 바로 발효시킨 포도이다.")[4]

음식이 섹스보다 더 믿을 만하고 안전한 쾌락일 수 있다는 것도 주목해 볼 만하다. 즉, 대다수 사람에게 음식을 먹는 것은 더 흔한 일상

i Pantagruelian. 프랑스 소설에 나오는 거칠고 풍자적인 유머가 풍부한 인물과 비슷하다는 뜻.

이고, 일반적으로 오늘날 음식은 여러 사람과 함께 즐긴다. 게다가 단지 생명을 유지하기 위해서라도 먹어야 한다(하지만 꼭 섹스를 해야만 하는 건 아니다). 그러니 먹는 걸 즐기지 못할 이유가 뭐란 말인가? 물론 즐겨도 된다. 그러나 공공연하게 탐식을 성애화해서 표현하는 건 또 다른 문제이다. 그것은 한눈에도 절박한 보상 심리처럼 보인다. 나이절 슬레이터의 《토스트》는 유년 시절의 음식에 대한 회고록인데, 꼭 버터를 너무 많이 바른 크럼핏[crumpet. 핫케이크의 일종] 같다는 인상을 준다. 그는 책의 말미에서 젊은 시절 호텔 요리사로 일하면서 매일 밤 유희를 즐겼다는 걸 독자에게 전하려고 무척 공을 들인다. 그러면서도 슬레이터가 정작 아껴 둔 과장된 성애 언어를 사용하는 부분은 처음으로 그라탱 도피누아[i]를 먹었던 순간을 묘사할 때이다. "따뜻하고 부드럽고 크림이 많이 들었다. …… 이것은 순도 100퍼센트 섹스에 해당하는 음식이었다."[5]

자크 데리다는 1990년 '타자 먹기'[ii] 세미나에서 "구강 체계의 모든 측면은 키스를 통해 완전히 이해되지 않는가?"라고 질문을 던진다.[6] 푸디스트들은 그렇게까지 철학적이지는 않다. "오럴 섹스는 푸디들이 좋아하는 유형으로, 좋은 연습이 된다."라고 《공식 푸디 안내서》는 흥분해 외친다.[7] 오럴 섹스를 음식 먹듯이 하고 있다면 적어도 둘 중 하나는 잘못하고 있다고 봐야 할 터. 그러나 농담일지라도 섹스가 단

---

i gratin dauphinois. 감자를 재료로 한 프랑스 가정식 요리.
ii Manger l'autre. 영어로는 'Eating the Other'

지 먹는 데 좋은 '연습'이 된다는 생각은 흥미로운 사실을 보여 준다. 먹는다는 행위가 섹스보다 더 좋은 섹스라는 생각이 널리 퍼져 있는 것이다. 앤서니 보댕은 뉴욕에서 있었던 푸디스트 비밀 회합을 신이 나 묘사하는데, 그날 저명인사들 앞에 나온 요리는 미식의 완벽한 사례로 악명 높은 오르톨랑 요리였다. 오르톨랑은 작은 멧새 종류로(프랑스 일간지 《르 피가로》의 레스토랑 비평가는 "크기가 어린 소녀의 주먹만 하다."라고 하는데, 비유 대상으로 너무 노골적인 게 아닌가 싶다.) 전통적인 요리 방식은 새를 생포해 어두운 상자에 넣고 며칠 동안 잡곡을 먹게 한 다음 프랑스 브랜디인 아르마냐크에 산 채로 익사시킨 뒤 굽는 것이다. 운이 좋은 손님은 (《르 피가로》의 영국인 기자에 따르면 '헤이즐넛' 같은) 작은 뼈를 오도독 씹으며 통째로 먹는데, 이때 역겨운 탐식의 광경을 신이 목격하지 못하도록 머리와 얼굴에 냅킨을 뒤집어 쓴 채 먹는다. (프랑수아 미테랑 전 프랑스 대통령은 마지막 식사로 이 요리를 먹었다. 현재 오르톨랑 요리는 프랑스에서 불법이다.)[8] 뉴욕의 비밀 시식회에서 아기 새를 씹어 삼킨 뒤 뒤집어쓰고 있던 냅킨을 벗은 사람들 모두가 "게슴츠레 황홀한 표정을 지은 채 죄책감이 깃든 미소를 띠기 시작했으며, 하나같이 막 성교를 끝낸 얼굴"[9]이었다고 보댕은 전한다. 그러니까 그들은 작은 새와 사랑을 나눴던 것이다. (캐롤리 슈니먼이 1964년 작품인 〈살의 환희〉에서 그랬듯이 오로지 히피 행위 예술을 통해서만 음식과 섹스의 결합이라는 진상을 제대로 파악할 수 있으려나 보다. 그 작품에서 "무용수들은 주신제의 쾌락을 표현하며 알몸으로 바닥 위를 뒹굴고, 잘게 조각난 종이와 물감, 소시지, 생선, 닭고기를 뒤집어쓴다.")[10]

먹는 걸 즐기지 못할 이유가
뭐란 말인가?
물론 즐겨도 된다.
그러나 공공연하게 탐식을
성애화해서 표현하는 건
또 다른 문제이다.
그것은 한눈에도 절박한
보상 심리처럼 보인다.

성적인 메타포는 레스토랑 비평에서도 보편적으로 사용되는데, 존 월시가 생각해 낸 독창적인 판타지는 일기 작가이자 정치가인 앨런 클락이 수많은 여자를 유혹해 애정을 획득하는 내용[i]의 식인 버전 같다. 우둔살과 어깨살 요리가 "훌륭한 대조를 이루어 마치 같은 요리에서 엄마와 딸을 먹는 것과 같은 느낌이다."[11] 공정을 기하자면, 레스토랑 비평은 칼럼의 지면을 채우기 위해 상상의 나래를 펼쳐야 하는 매우 어려운 과제이다. (소설가 세바스티안 포크스는 레스토랑 비평가로 잠시 일했던 경험을 이렇게 썼다. "음식이 어땠는지 사실대로 쓸 수는 없었다. '좋다'라는 표현만으로 1000자를 채울 수는 없으니까.")[12] 조사 중에 알게 된 가장 훌륭한 레스토랑 비평가는 19세기 말 염가의 석간지였던《폴 몰 가제트》에서 런던 레스토랑에 관해 기고한, 기세 넘치는 필력의 뉴넘 데이비스 중령[영국의 19세기 말~20세기 초 음식 평론가, 미식가]이다. 그는 단순히 음식에 관해 기술함으로써("메추라기 고기가 다소 푹 익은 편이었다.") 절제미에 도달했고, 성마른 "코미디언", 불평쟁이 "미식가", "경박한 주식 중개인 친구", 그리고 (분명 더욱 유쾌한 식사 자리에서 만났을) 사교계에 처음 나온 어여쁜 아가씨의 "반짝이는 눈", 혹은 이탈리아 귀족 "먼 나라의 공주"처럼 함께 식사한 손님을 익명으로 표현하며 살아 있는 위트를 보여 줬다. 그가 다닌 검소한 레스토랑에 관한 묘사는 빼어나다. 한스 크레센트 호텔의 "겨울 정원에서 밴드가 30분 동안 음악을 연주하고

---

i 그의 일기에는 여성을 유혹한 일화로 넘쳐나는데, 가장 유명한 것은 엄마와 두 딸을 동시에 유혹해 사랑을 나눈 일화이다.

있었는데…… 장밋빛 램프와 종려나무 아래였다. 유쾌한 선율의 바이올린이 부드럽게 흐르고, 동그란 담배 연기들이 고리를 이루며 유리 지붕 위로 사라졌다."[13]

뉴넘 데이비스는 요리에 '섹시'라는 말을 붙일 정도로 우유부단하지 않았지만, 제이미 올리버는 사랑을 나눠야 할지 먹어야 할지 도통 모르겠다는 듯 자신의 요리에 "섹시"는 물론 "리틀"이라는 말까지 쓴다("아름다운 섹시 리틀 파스타").[14] (어쩌면 입 벌린 '여신' 나이젤라 로슨의 헌신적인 팬들에게 계속 따라다니는 그러한 우유부단함과 유사한 것일지도.) 게다가 마르코 피에르 화이트는 이렇게 흥미로운 고백을 한다. "내게 로브스터는 대부분의 여자보다 더 아름답다."[15] 그렇게 좋으면서도 로브스터 삶는 일은 멈출 수 없는 모양이다.

음식과 먹는 일이 섹스라면, 음식에 관한 묘사는 포르노 문학이겠다. 이런 이유 때문인가. 1977년 격주간지 《뉴욕 서평》에 실린 요리책 비평 에세이에서 기자 알렉산더 콕번은 '가스트로-포르노'라는 신조어를 만들었다. 프랑스 요리사 폴 보퀴즈의 책을 읽고 나서 콕번은 그 책을 "값비싼…… 가스트로-포르노 활동"이라 부르며, 요리책과 섹스 안내서 사이의 구조적 유사성은 "여가 기법에 대한 동일한 학구적 강조, 궁극적인 천상의 기쁨에 대한 동일한 돈호법"이라고 밝힌다.[16]

이보다 앞서 음식 및 먹는 것에 관한 묘사와 포르노의 표현법을 동일시한 사례가 있다. 바로 미국의 스릴러 작가 맥스 에를리히의

1972년 작품 《칙령》이다. 디스토피아적인 미래에서 지구의 인구는 200억 명으로 증가해 세계적인 식량 위기가 발생하고(열량 섭취가 엄격하게 제한된다), "세계정부"에 의해 출산을 금하는 명목상의 칙령이 공포된다. 출산은 사형에 처해지는 범죄이다. 대신 여자들은 약물을 투여받고 인간을 닮은 아기 인형을 받는다. 한 장면에서 (진짜 아기를 낳은) 여주인공 캐롤은 추적자로부터 도망쳐 음식이 풍요했던 과거 시대를 배경으로 한 역사 영화 〈푸디〉를 상영하는 "비스타라마 극장"으로 들어간다. 20세기 슈퍼마켓에 진열된 신선한 채소, 육즙이 흐르는 쇠고기 구이를 먹는 가족 장면에 이어 "먹는 장면들이 몽타주 기법으로 빠르게 지나간다." "〈푸디〉는 자극을 주기 위해 만들어진 영화이고, 실제로도 자극적이었다. 지금 관객들이 보고 있는 것은 단순한 탐욕이 아니었다. 그것은 포르노였다. 클로즈업한 입과 음식을 자르는 이, 턱으로 흘러내리는 육즙이 보인다."[17] 오웰과 헉슬리를 저속하게 혼합한 에를리히의 소설은 이 부분에서는 어느 정도 선견지명을 드러냈다. 풍요로웠던 사라진 시대에 대한 향수에서가 아니라 대다수 독자가 여전히 풍요롭게 누리고 있는 가스트로포르노의 장면들을 가까운 미래의 사람들이 대단히 좋아하리라 작가는 상상도 못 했을 테지만. 콕번이 "가스트로-포르노"라고 이름 붙인 요리책의 저자 폴 보퀴즈는 '누벨 퀴진[nouvelle cuisine, 현대식 요리]' 운동의 중추적 인물로, 음식을 보기 좋게 담아내는 일명 '접시 예술'을 다시 한 번 강조했으며, 덕분에 현대 미디어 푸디즘의 막을 연 인물로 평가되었다. 사진이 잘 받는 음식들이 신문의 컬러판 부록에 실려 그 풍미까지 생생히 전해지게 된 것이다.[18] 헌신적인 음식 사진가와 스타일리스트까지 가세해 그 자체로 예술 운동이 된 시각적 가스트로포르노에는 미학적 단계들이 존재했다. 예를 들어, 1980년대 중반 가스트로포르노 예술가들은 "먹다가 만 접시, 빵 부스러기투성이의 테이블보, 푸디의 흔적이 남아 있는 담배를 활용해 실험적인 사진을 남겼다."[19] 그리고 에어브러시[도료나 잉크를 분사하는 도구], 최근에는 포토샵으로 스틸 이미지 포르노물에 비현실적인 '보정 효과'를 작업해 넣듯이, 가스트로포르노물 또한 현혹적인 기술을 사용한다. ("과일, 채소, 얼음을 왁스로 만들어 찍으면 사진이 더 잘 나온다. 한 영국인 여자가 이런 음식 모형을 만드는데, 완두콩 꼬투리 하나에 10~20파운드[1만 8000원~3만 6000원]이다.)[20]

오늘날 음식 사진은 독일 과학자 군터 폰 하겐스의 플라스티네이션 기법[i]으로 화학 처리한 시신처럼 생생하고 섬뜩할 정도로 완벽한 모습을 보여 준다. 그러한 방식의 예로는 타이트 클로즈업(《팻덕 요리책》), 올이 성긴 리넨과 식탁용 날붙이류[나이프, 포크, 숟가락 등] 골동품을 이용한 절묘한 나튀르 모르트[nature morte, 정물화] 기법(《미스 달의 관능적 기쁨》), 혹은 알람브라 궁전의 추상적인 장식과 유사하게 사과와 그 밖의 농산물을 전체 프레임 속에 채워 넣는 반半추상 방법(마르코 피에르 화이트의 《백열white heat》)이 있다. 섹스에 대한 잠재적인 약속을 가미하여 가정

i plastination. 장기나 인체 조직의 물과 지방을 모두 제거한 뒤 실리콘 같은 화학 성분을 채워 넣어 표본을 만드는 한 방법으로, 장기 및 인체를 반영구적으로 보관할 수 있다.

적인 만족감을 보여 주는 유사 포르노물도 있다. 그 전형적인 사례인 귀네스 팰트로와 소피 달의 요리책에는, 순종적인 모습으로 무언가를 썰고 따를 때 새치름하게 시선을 아래로 하고 있는 여배우의 사진이 수없이 실려 있다. 팰트로의 《내 키친 테이블 노트》에서는 행주를 인위적으로 어깨에 걸치고 있거나 평상시 입지 않을 것 같은 발랄한 색감의 니트를 멋있게 입은 그녀가 생각에 잠겨 완두콩 껍질을 까는 모습을 보여 준다. 한편, 세간의 이목을 끄는 유명 인사인 푸디스트의 삶을 엿볼 수 있다. 이를테면, 귀네스가 "노라 에프론[로맨틱 코메디로 유명한 미국 여성 영화감독]의 집에서" 발견한 요리, 그리고 "좋아하는 채식주의자 친구인 스텔라 매카트니[비틀스 멤버 폴 매카트니의 딸인 패션 디자이너]가 가족을 데리고 방문할 때" 그녀가 즐겨 해 주는 요리를 소개한다.[21] 《미스 달의 관능적 기쁨》은 깨달을 틈도 없이 포르노물의 머니숏과 유사한 지면을 보여 줌으로써 인내심 있는 독자에 대한 보답을 잊지 않는다. 책 전체에 걸쳐 달은 아래를 응시하거나 그녀가 하는 일에서 시선을 떨어뜨리고 있는데(작은 여름 카디건을 입은 채 나무망치로 게의 집게발을 부수거나 전혀 시골스럽게 보이지 않는 '시골풍 수프'를 만들려고 뭔가를 계량컵으로 떠 넣으면서) 급기야 마지막 사진에서는 요염한 자태로 손을 깍지 끼고, 만족스럽다는 듯 커다란 미소를 지으며 카메라를 정면으로 응시한 채 부엌 테이블에 앉아 있다.

가스트로포르노가 반드시 시각적이어야 할 필요는 없다. 포르노 문학처럼 글로 서술할 수도 있다. 앤서니 보댕은 이러한 기교의 열정적

더부룩한 배를 한 채
혈액이란 혈액은
모두 소화 기관에
사용하고 있는
느림보 푸디스트에게
섹스보다는 음식이
더 우선이리라.

인 실천자이자 날카로운 분석가이다. "쓰지 않았더라면 진탕 마시고 노는 것처럼 묘사되었을 장면과 소리와 맛에 관해 쓴다는 것, 다른 이들에게 외설적인 관심과 욕구, 질투를 유발하고자 계산된 방식으로 그렇게 하는 것 …… 내 마음 속에 더 많은 질문을 제기하는 …… 나는 …… 도덕적 차원에 관해서는 모르겠다." 그는 말줄임표를 남용해 무심한 듯 통달한 자세를 유지하며 생각에 잠긴다(보댕은 본래 진지하고 대단히 훌륭한 작가이기에).[22] 감각적인 기쁨을 축복하는 것과 이 축복의 적절한 선을 지키려는 염려 사이에 존재하는 비슷한 양가감정은 모든 종류의 육체적 쾌락을 환기하는 문학 속에서 오래전부터 분명하게 나타났다. 보댕은 "가장 뛰어난 음식 포르노 작가인 졸라"를 언급하는데,[23] 실제로 《파리의 배The Belly of Paris》에서 샤퀴테리[i]에 대한 졸라의 묘사는 감각적인 기쁨을 묘사하면서도 적절한 선을 지킴으로써 두마리 토끼를 잡은 문학의 전형적 사례라 하겠다. 주인공 플로랑은 상점의 진열장을 몹시 놀란 채 바라보고 있다.

그곳에는 엄청난 양의 기름지고 육즙이 많은, 입에서 녹는 것들이 진열되어 있었다. …… 빵가루를 덮어 금빛이 도는, 둥글게 잘 만든 뼈 붙은 햄 …… 붉고 윤기가 도는, 속을 채운 스트라스부르스[프랑스 동북부 지명] 혓바닥 고기 …… 무해한 뱀처럼 똬리를 튼 여러 줄의 블랙 푸딩, 두 줄로 쌓

---

i charcuterie. 소시지, 햄, 살라미 같은 소금에 절이거나 훈연하고 발효한 모든 육가공품을 통칭하는 말.

아 올린 생기가 넘치는 앙두이[andouille. 검은 빛의 매운 훈제 소시지] …… 오븐에
서 나온 뜨거운 파이 …… 커다랗게 자른 송아지와 돼지고기 덩어리, 돼
지고기로 만든 설탕 결정처럼 맑은 젤리 …… 호화로운 태피스트리의 끈
과 술처럼 대칭적으로 주렁주렁 매달려 있는 소시지와 새비로이 …… 이
탐식의 사원에서 가장 높은 층에는 사각형의 작은 수조가 있는데 …… 그
안에는 두 마리의 금붕어가 끝없이 원을 그리며 헤엄치고 있었다.[24]

이 음식들이 드러나는 순서는 문학과 훈계를 악랄하게 섞어 놓은
기교 중 하나이다. 먼저, 에밀 졸라는 독자가 주인공과 함께 침이 분
비될 만큼 음식에 매료되도록 가스트로포르노와 관련한 기교를 모두
사용한다. 독자가 상상 속의 맛에 무기력하게 홀려 있을 무렵, 작가
가 개입해 이것이 "탐식의 사원"이라고 판결을 내리는데, 그 사원 꼭
대기에 있는 금붕어는 정곡을 찌르듯 무엇보다 음식에 관심이 많은
자들의 무가치하고 타락한 선회를 상징하려는 의도 같다. 한편, 이러
한 미식에 대한 열정과 성욕의 연결고리는 직접적이다. 바로 다음 단
락에서 플로랑은 "윤기 나는 머리"에 "풍만한 가슴"을 하고, "지방과
생고기에 둘러싸여 살아온 자들의 분홍빛 도는 흰 얼굴과 고운 피부
가 돋보이는 아름다운 여인"을 응시한다. 플로랑이 그녀의 모습을 눈
으로 오래도록 감상하는 장면은, 가바르가 나타나 그녀가 형수라는
사실을 알리며 중단된다. 따라서 음식에 대한 공상이 소급해 올라가
탐식으로 지탄받는 것과 마찬가지로, 에로틱한 공상 또한 소급해 올

라가면 근친에 대한 욕망으로 왜곡된다.

푸디즘의 또 다른 면은 이국적인 것에 대한 선호이다. 이국풍 음식에 대한 찬미는 주류의 가스트로포르노가 아니라 일종의 고급 페티시 성애물이라 하겠다. 《팻덕 요리책》에 나오는 요리법의 매력이라 할 만한 것은, 누가 봐도 혐오스러운 조합(달걀과 베이컨 아이스크림, 올리브와 가죽 퓌레)으로 이루어진 참신함이 전부이다. 그 혐오스러움은 짐승 같은 포르노의 기괴한 분위기에 갑자기 얼어붙을 때와 비슷하다. 하지만 동시에 그 요리가 맛있고 최신 과학에 의해 승인된 것이라며 안심한다. (말이라면 먹고 싶어 할지도.) 한편, 유투브의 히트 영상인 〈에픽 밀 타임Epic Meal Time〉의 한 에피소드에서는, 엽기의 절정을 보여 주는 공포영화 〈인간 지네The Human Centipede〉에 대한 푸디스트의 오마주로 음식을 선보인다. 이름하여 '터베이컨에픽센터피드TurBaconEpicCentipede'로, "구운 새끼 돼지 열 마리를 각각 코와 꼬리를 꿰매 연결한 것으로, 그 돼지 속에는 칠면조를 넣고, 그 칠면조 속에는 오리를 넣고, 그 오리 속에는 닭고기와 콘월 암탉, 메추라기를 넣어, 그 전체를 바삭한 긴 베이컨과 엄청난 양의 속으로 덮은 것이다." 제이 레이너는 이 음식이 고의로 역겹게 만든 "도를 지나친 코미디"라고 지적하면서도, 그것이 자신의 애꿎은 푸디스트 "식탐"에 "오명"을 덧씌울까 걱정한다.[25] 바로 그 식탐 자체를 풍자한 것인데 말이다.

노먼 더글러스[영국 작가]의 무척 흥미로운 요리책인 《부엌의 비너스》가 반세기 전에 출간되었다는 사실을 모른 채 읽는다면, 이 책에 나오는 '정력제' 요리법 일부가 21세기 요리에 대한 풍자이면서 유사 성애물에 가까운 충격을 노리려는 탐욕이 담겼다고 생각할지도 모르겠다. 예를 들어, '히스테리 워터' 요리법은 다음과 같다. "야생 파스닙과 베토니의 씨앗, 러비지 뿌리 각각 2온스, 모란 한 송이 뿌리 4온스, 오크나무의 겨우살이 3온스, 몰약 1/4온스, 피마자 1/2온스를 준비한다. 그리고 이 재료를 모두 섞은 뒤, 말린 노래기 1/4파운드를 넣는다. 여기에 쑥물 3쿼트와 브랜디 2쿼트를 부어라……."[26] 또 다른 요리인 '유례 없는 고기 구이Rôti sans pareil'의 요리법 또한 처음에는 풍자적인 요소를 의심하게 된다. 더글라스의 참고문헌을 확인하고, 실제로 새 속에 새를 넣어 17마리의 새들로 속을 채운 요리(이는 "미식 황홀경의 완벽한 사례"[27])가 이미 1811년에 출간된 요리책에 존재했다는 사실을 알기 전까지는 말이다. (들칠면조 속에 칠면조를 채우고, 그 속에는 거위를 넣고, 그 속에는 꿩을 넣고, 그 속에는 닭을 넣고, 그 속에는 오리를 넣고, 그 속에는 뿔닭을 넣고, 그 속에는 작은 오리인 쇠오리를 넣고, 그 속에는 누른도요새를 넣고, 그 속에는 자고새를 넣고, 그 속에는 검은가슴물떼새를 넣고, 그 속에는 댕기물떼새를 넣고, 그 속에는 메추라기를 넣고, 그 속에는 개똥지빠귀를 넣고, 그 속에는 종달새를 넣고, 그 속에는 멧새를 넣고, 그 속에는 정원솔새를 넣고, 그 속에는 올리브를 넣는다.) 더글라스는 부드러우면서도 엄숙하게 경고한다. "이토록 다양한 종류의 야생 조류를 동시에 한 장소에서 입수하기란 어려울 것이다."[28]

헤스턴 블루먼솔의 도를 넘어선 개념 네술 요리(끝번 알 우믈레!)[29]는 대단한 쇼크 푸디즘의 경계선에 있는, 가장 최근의 실습에 불과하다.

그 기원은 카렘의 설탕으로 만든 성을 넘어 로마시대까지 거슬러 올라간다. "구운 햄을 잘라 손님에게 내는데, 기괴하게도 임신한 채 죽은 동물의 배로부터 살아 있는 새 떼가 날아오른다. 만찬 손님들은 젖통과 자궁으로 요리한 은은한 맛의 스튜가 넘칠 정도로 가득한 테이블에 앉는다. …… 그리고 마르티알리스[i]는 특히 '에이엑티티아이 eiectitiae'를 흥미롭게 묘사하는데, 이는 출산 전 태아를 들어낸 모체를 뜻한다."[30] 분명하게 푸디스트를 반대한 로마의 도덕주의자들은 호라티우스의 엄한 경고에서 볼 수 있듯이, 섹스에 대한 혐오감과 과식에 대한 혐오감을 하나로 취급했다. "매음굴과 기름투성이 요릿집은 당신의 열망을 자극한다."[31] 또한, 플라톤의《국가》에서도 일찍이 "건강"에 필요한 것 이상으로 다양한 음식에 보이는 욕구와 과도한 성욕을 비교했는데, 두 욕구 모두 민주주의의 재앙으로 이어진다고 설파한다.[32] 섹스에 대한 반감 없이도 음식에 대한 집착을 비난할 수 있는데, 이는 섹스를 매우 좋다고 생각해, 고급 음식을 먹는 일상적이고 소비주의적인 행위의 한 측면으로 섹스를 격하하거나 그런 행위 속에 완전히 포함시키려는 열망에 저항하고 싶기 때문일 것이다.

보댕은 우리가 살고 있는 대중문화 시대에 들어서 음식이 왜 "새로운 포르노"가 되었는지 다음과 같은 이론을 제시한다. "지난 수십 년간 익명으로 이뤄지며 보호받지 못하던 정사의 위험하지 않은 대

---

i Martial. 로마 시대의 풍자 시인.

안"[33]으로 음식이 제시된 것이리라. 아니면, 그저 오늘날 문화의 모든 요소가 급속히 포르노화되는 마당에도 집에 섹스 영화의 철제 액자보다는 요리책을 진열하는 게 여전히 점잖게 느껴지기 때문은 아닐까? 그리고 어찌 되었든 더부룩한 배를 한 채 혈액이란 혈액은 모두 소화기관에 사용하고 있는 느림보 푸디스트에게 섹스보다는 음식이 더 우선이리라.

유행을 집은
포크

06

You Aren't
What You Eat

그 건초를 가지고 대체 뭘 하려는 거지? 푸드 레이브에서 유행을 선도한다는 힙스터는 건초를 땔감으로 한 어마어마하게 큰 불에 양 한 마리를 통째로 태웠는가 하면, '비아잔테'에서는 전체 요리를 건초 위에서 훈제하고(냄새가… 시골스럽긴 하다), 버터 위에 '건초 재'를 뿌린다(맛은…… 탄 맛이다). 건초를 들먹이는 것만으로도, 바람 잘 통하는 아름다운 외양간에서 가축들이 만족스럽고 편하게 쉬고 있고 완만한 푸른 언덕들 여기저기에는 건초더미가 쌓여 있는 풍경을 기분 좋게 상상할 수 있다고 여기는 건지, 원. 어떤 경우이든, 건초는 갑자기 푸디즘의 최전선에서 어디에나 등장하며 최근 요리업계에서 유행하는 액세서리로, 곧 새로운 '토치'로 등극하려나 보다. 그러다가도 새롭게 유행한 건초 자리를 쇠똥이 대신할 날이 올지도, 뭐. 물론, 음식은 유행과 사람들의 일시적인 열광에서 완전히 단절된 적이 없다. 학계에서 말하는 소위 '식생활 방식food-ways'은 수세기 동안 극적인 변화를 거쳤다. 이를테면, 영국인은 늘 구운 베이컨을 즐겨 먹었던 반면, 500년 전에는 굴에 설탕을 뿌려 먹었다.[1] 우리가 알고 있는 '레스토랑'이라는 말은 1765년이 되어서야 그 역사가 시작되었는데, 파리의 불랑제라는 사람이 운영하는 식당에서 판매하던 원기를 회복시키는restorative 수프의 이름에서 따 온 것이다. 또한, 모든 음식을 한 번에 테이블에 차려 놓는 '프랑스 방식'에서 '러시아 방식'(음식을 별도의 접시에 따로따로 내어 오는 방식)으로 변화한 것도 비교적 최근의 일이다. 1668년 피프스[유명 일기 작가인 새뮤얼 피프스]는 "한 번에 하나씩 작은 접시가 놓인" 테이블에서 식사한 사실에 놀라워하며 서술하였는데, 1862년까지도 한 번에 모든 음식을 차려 놓는 것이 일반적이었다. 이에 반대하는 한 저술가는 이러한 관행이 "도금한 접시들을 보여 주려는 허영심"의 발로라고 했다.[2] ("접시 위에 미리 담아 놓는" 음식을 처음으로 선보인 레스토랑의 요리사는 장바티스트 트루아그로였는데, 그는 1930년에 자신의 레스토랑을 열었다.)[3]

그러나 최첨단이라고 여겨지는 재료와 요리 혹은 국민 요리에서 오늘날 나타나는 변화의 속도는 신경질적으로 빨라진 듯하다. 1907년, 유행을 좇는 손님들이 쳐다보지도 않아서 신선한 대구나 농어로 요리할 수 없다는 에스코피에의 한탄과 비교해 보더라도 그렇다. 그는 "이러한 생선의 미식적 가치는 레스토랑 손님들이 즐기는 유행보다는, 툭하면 돌변하는 대중의 별난 변덕과 더 관련 있다."라며 유감스러워했다.[4] 오늘날 최첨단 푸디스트들은 패션과의 비교는 긍정적으로 받아들인다. 1984년, 《공식 푸디 안내서》에서는 "유명 디자이너의 쿠튀르가 그 위상을 음식에 내 주었다."[5]라고 이미 호언했고, 헤스턴 블루먼솔은 그의 요리를 길거리 모조품이 아니라 오트 쿠튀르[haute couture. 고급 의상]에 비교하며 평범한 요리사를 위해 그의 '팻덕' 요리법의 강도를 조절하지 않겠다고 한다.[6]

퐁뒤[i]가 유행을 탄 것은 1970년이었다. 막스 앤 스펜서의 새우-마요네즈 샌드위치는 1980년대에 선을 보였다. 조시 호미가 좋아하던 초밥은 '나무 오븐 피자와 그릴드 에브리씽'[7]과 함께 1990년대에 주류가 되었다. 딜리아 스미스의 요리책을 면밀히 분석한 제니 린퍼드에 따르면, 딜리아 스미스는 새로운 트렌드로 떠오르는 재료를 능숙하게 활용한다. 이를테면, 1989년 딜리아는 새롭게 유행한 필로 페이스트리[ii]를 이용했고, 1993년에는 햇볕에 말린 토마토, 1995년에는 태국의 피시 소스를 도입했다.[8] 1997년 무렵에 사람들은 버섯에 열광하더니 갑자기 모두가 그물버섯이 뭔지 알게 되었다. 1950년대 '외용'이라는 라벨을 붙인 채 화학자에게만 이용되던 올리브유는 이제 누구나 살 수 있고,[9] 그 밖에도 여러 종류의 아주 맛난 것을 이제 모두가 사용하게 되었으니 분명 기뻐해야 할 것이다. 그러나 허황된 유행을 따르는 푸디스트 패디즘[faddism. 일시적 유행을 따르거나 별난 것을 좋아하는 것]의 속도는 수디 피곳이 자의적으로 만든 규칙을 소개하는 데서 나타나듯 어처구니없을 정도이다. "더 훌륭한 푸디는, 훌륭한 푸디의 유

---

i fondue. 녹인 치즈나 소스에 음식을 찍어 먹는 스위스 요리.
ii filo pastry. 얇은 반죽을 여러 겹 포개 만든 파이의 일종.

효 기간이 지나 버린 옛 미식가의 필수 음식을 사거나 요리하거나 주문하지 않는 데 조용히 자부심을 느낀다. …… 따라서 비트 뿌리는 셀러리액[i]에게 쫓겨났다(원문대로). 그리고 콜라비, 즉 보라색 겉껍질을 한 키오자는 여전히 용납 가능하다. …… 카볼로 네로[ii]는 적근대로 대체되었다."[10] 피곳에 따르면, 음식 재료는 심지어 새로운 스타일의 청바지나 신발처럼 "유행을 선도"할 수 있다. 2011년 무렵, 꿩을 사랑하던 한 푸디스트는 "사냥 속물들이 들꿩과 멧도요를 선호하는 바람에" 그가 좋아하는 엽조는 한물갔다며 개탄한다.[11]

같은 해, 〈영국인 빵을 굽다〉라는 텔레비전 프로그램이 인기리에 방영되면서 영국에서는 빵과 케이크 열풍이 불었다. 베이킹이 선사하는 가정적이고 시골스러운 분위기가 경제 불황 상황에서 영국인에게 위안을 준 것 같다. 스마트폰 사용자를 위해 컵케이크, 레이어 케이크, 빵, 비스킷, 케이크 장식용 아이싱 만드는 법을 제공하는 프림로즈 베이커리의 '부티크 베이커리 앱'은 미국, 영국, 호주, 캐나다의 음식 관련 앱 순위에서 1위를 차지하며 놀라운 인기를 누렸다.[12] 그러나 이와 동시에 프로즌 요거트(프로 요Fro Yo)가 "커피 전문점과 주스 판매점에서 받던 관심은 싹 사라져 버렸는데", 이는 고급 백화점인 셀프리지스에 캘리포니아의 요거트 판매점 핑크베리가 입점한 탓이었다.[13] ('비아잔테'에서는 프로즌 요거트를 갈아 아이스크림 위에 올린다.)

i celeriac. 순무 모양의 커다란 뿌리를 식용으로 한다.
ii cavolo nero. 커다란 케일 종류.

이제 푸디스트 트렌드는 한때 당연하게 여겨지던 것을 파악하려고 언어적인 역성법[i]을 필요로 한다. 2011년 여름, 런던 북부의 가스트로펍(그 자체로 이제 유행에서 멀어진 용어로, 《굿 푸드 가이드》는 더 이상 그 단어를 사용하지 않겠다고 발표했다.)[14]의 메뉴에는 '암탉의 달걀'이란 요리가 있었다. 나는 그 말이 뜻하는 게 그냥 일반 '달걀'임을 알게 될 때까지 혼란스러웠다. 사람들이 타조나 공룡 알이 나온다 해도 심드렁한 나머지 요즈음엔 그냥 '달걀'이라고만 하면 모험적인 푸디스트에게는 오히려 모호하게 들리는 걸까? 그래서 암탉이라고 꼭 집어 말해 줘야 하나 보다.

당연히 재료뿐만 아니라 요리 스타일에도 유행이 있다. 이른바 분자 요리는 에르베 디스와 영국의 물리학자 니콜라스 쿠르티가 1988년 처음 명명하고[15] 이어 헤스턴 블루먼솔(사실 그는 이 용어를 경멸한다), 페란 아드리아, 누누 멘데스 같은 요리사에 의해 실행에 옮겨졌으나, 2009년 디스에 의해 죽음이 선고되었다. "유행을 탔다"는 게 그 이유였다.[16] 디스는 대신 익살스러운 모던 풍의 '미식 구성주의'를 제안했는데, 이게 듣자 하니 검은색과 흰색 젤리로 이상한 맛이 나는 3차원 체스 보드를 만들어 놓은 것이다.[17] 그러나 드리즐과 거품은 여전히 강세를 보인다. 〈트립〉 시리즈 중 한 에피소드에서 두 진행자 앞으로 '케이퍼 에멀전에 담근 가리비' 요리가 나온다.

---

i 기존 단어의 처음 또는 끝 부분을 없애거나 바꿔서 새로 만든 단어. 예를 들어 cheeseburger는 hamburger에서 나온 역성어이다.

특정 시기에 푸디스드 유행을 타는 것은,
머리가 멍해질 만큼 선택의 폭이 넓다.
따라서 현대의 슈퍼마켓에서는
올리브유를 살 때도 스무 가지나 되는
오일 중에 하나를 택해야 한다.

브라이던: 거품에 대해서는 뭐라 결정을 못 내리겠네요.

쿠건: 그건 시대정신의 일부예요, 안 그래요? 요리계의 시대정신.[18]

한편 2011년 말, 언론인 수잰 무어는 자신이 "음식 미개인"이 아니라면서 톰 에이킨스의 레스토랑에서 "더껑이"(공식 이름은 '콜리플라워 거품')가 나왔다고 혐오감에 사로잡혀 외쳤다.[19] 나는 '비아잔테'에서 구운 셀러리액 옆에 뿌려져 있던 레몬맛 '에멀전'(그렇게 설명되어 있었던 것 같다.)을 먹어 봤는데, 시트러스 향이 나는 질레트 면도용 거품이 떠올랐다.

그러나 이 글을 쓰는 시점에서 아주, 아주 새로운 것은 '신경미식'임에 틀림없다. 이는 푸디스트의 고급 문화에 대한 열망과 접두사 '신경 neuro'을 그야말로 거의 모든 말에 갖다 붙이는 초과학적인 경향과의 극적인 결합이라 하겠다. 프랭크 브루니의 흥미로운 풍자 글에 따르면, 뉴욕의 '신경미식가'인 요리사 미겔 산체스 로메라는 "흐물흐물한 질감, 채소 파우더의 만화경 같은 모자이크, 결혼식에 쓰일 정도로 많은 식용 꽃을 선호하며" 그의 푸디스트 원칙은 "각 재료의 관능적 품질에 대한 사려 깊은 연구를 통해 음식에 전체적으로 접근하는 방식을 포함"한다고 설명한다. 브루니는 인내심을 갖고 "관능적"이라는 말에 대해 "감각 기관을 통해 인지되는 것"을 뜻한다고 덧붙인다.[20] 따라서 로메라의 철학은 음식이 시각·후각·미각적으로 모두 좋길 원할 뿐만 아니라, 만지기에도 좋고 감미로운 소리마저 나길 원하는 것이다. 마리네티라면 고개를 끄덕일지 모를 일이다.

또한, 서빙 스타일에도 트렌드가 있다. 자부심 강한 돼지갈비 살이라면 적어도 슬레이트가 아닌 다른 곳에 놓이기를 원치 않을 테다. '비아잔테'의 여러 요리는 따뜻하거나 차가운 도석陶石 위에 나왔다. 요즘 감자튀김은 고급 레스토랑에서나 작은 체인 식당에서나 좀 황당하게도 '비커'에 담겨 나온다. 또한, 아마추어 푸디스트가 사용하는 요리 도구에마저 유행이 난무한다. 일본의 글로벌 나이프는 앤서니 보댕이 추천한 이후로 판매가 치솟았고, 현재는 뭘 골라야 할지 당황스러울 정도로 많은 종류, 가령 절구·공이 세트에 이르기까지 다양한 상품을 대형 백화점에서 고를 수 있다. (나는 런던의 존 루이스 백화점에서 독신자 시대의 가슴 아픈 상징적 제품인, 딱 한 개의 달걀만 부치도록 디자인된 최소형 프라이팬, 스테이크 조각 하나를 굽는 작은 번철 팬을 보았다.) 한편, 토치는 마르코 피에르 화이트가 '하비스' 개업 당시를 회상한 글 덕분에 유행을 탄 것으로 보인다. "우리는 무일푼이어서 그릴을 살 여유조차 없었다. 그래서 그라탱과 글레이즈를 만들려고 토치를 시험 삼아 사용했더니 효과가 대단했다."[21] 그 이후로 이미 그릴을 가진 운 좋은 이들조차 토치를 필요로 하게 되었는데, 그 이면에는 자기만족에 가까운 마초적인 면과 고문 포르노다운 느낌이 깃들어 있기 때문이다. 20년 후 토치가 참신함을 잃는다 해도 부엌 기구 디자이너들은 항상 새로운 유행을 만들고자 골몰하고 있을 테다. 2011년에는 '켄우드 쿠킹 셰프'라는, 재료를 익히는 기능까지 갖춘 푸드 프로세서가 시장에 나왔는데, 전단지 광고에 따르면 "가장 도전적인 요리법이라도 쉽고 빠르게 하도록" 도와준다. 가격? 5파운드 정도 차이가 있을지 몰라도 얼추 1000파운드[180만원]. 이 정도면 과시적 소비 아니겠는가.

모든 종류의 풍미와 관련해 오늘날 푸디즘에 나타나는 유행 가능성은 그 자체로 유행이 돌고 돈다는 걸 보여 준다. 1862년, 여성들이 쓸데없는 교육으로 정신을 빼앗기기보다 요리하는 법을 배워야 한다고 장광설을 늘어놓은 책 《정찬과 정찬 파티》를 쓴 성마른 푸디스트 작가는 한 세기 전에 사라진 황금시대를 그리워하며 한탄한다. 그때는 "요리 기술이 영국인 소녀들과 가정주부들 사이에서 유행이었다. …… 와인을 만들고, 음식을 절이고, 보존 가공하는 기술이야말로 귀부인이 누리는 아침의 오락거리였다."[22] 그런데 오늘날 그 오락거리가 다시 등장한 것이다. 크리스토퍼 드라이버가 1983년에 그 맥이 끊기고 있다며 걱정하던 기술에 대한 관심이 부활한 것임은 말할 나위도 없다. 그 기술이 뭔고 하니 "나무딸기 잼과 마멀레이드 만드는 법, 토끼 가죽을 벗기고, 닭의 털을 뽑은 뒤 내장을 빼내는 법, 배터[i] 푸딩 만드는 법, 모닥불 재에서 감자 굽는 법, 저온 살균하지 않은 우유로 만든 농장 치즈 음미하는 법, 티타임에 오이 샌드위치 내는 법, 독한 사과주를 판매하는 펍 찾는 법"이다.[23] 현대 푸디스트들은 심지어 자기 가정의 천진하고 무방비 상태인 구성원에게마저 똑같은 열정을

---

i batter. 밀가루, 우유, 달걀을 섞은 반죽.

강요하는 듯하다. 호세 존스턴과 샤이언 바우만은 현대 푸디즘과 관련해 사회학적으로 흥미롭게 분석한 《푸디들: 민주주의와 미식가 푸드스케이프[i] 내 차별》에서 이렇게 전한다. "한 음식 담당 기자에 의하면, 최근 우리 주변에서 '푸디 아이들'은 새롭게 떠오른 액세서리다. 어떤 부모가 자기 애들이 동네 한국 음식점에서 돼지 곱창을 먹었다고 자랑스레 떠벌리는 걸 엿들었다."[24] 아이들에게 종교를 주입하는 것도 일종의 아동 학대라고 본 도킨스 파[ii]의 견해에 따르면, 이 또한 학대가 아닌지 의문이 든다.

물론, 전반적으로 유행을 따르는 것이 언제 어디서나 선택해야 하는 번거로운 과정에서 벗어나려는 방어 기제가 아니겠느냐며 푸디스트 유행을 진지하게 옹호하고 싶을지도 모르겠다. 존 와터스는 브렛 이스턴 엘리스의 걸작 《아메리칸 싸이코》에 등장하는 주인공 패트릭 베이트먼의 유행에 대한 민감성을 정신병으로 해석하며 바로 그러한 흥미로운 태도를 취했다. 베이트먼은 레스토랑에서 나온 피자가 음식 관련 매체에서 읽었던 피자의 기본 원칙과 다르다고 격분한다. "아무도 망할 놈의 붉돔 피자를 원치 않는다고!" 그가 소리친다. "피자라면 당연히 이스트를 함유하고, 좀 빵다운 데가 있고, 치즈 크러스트가 있어야지! 여기 크러스트는 너무 지랄맞게 얇아 빠졌어. 여기서 요리

---

i foodscape. 음식을 뜻하는 "푸드(Food)"와 풍경을 뜻하는 "랜드스케이프(Landscape)"를 결합한 단어.
ii Dawkinsite. 《이기적 유전자》로 유명한 리처드 도킨스를 따르는 사람들.

하는 빌어먹을 셰프가 모든 걸 너무 구워 댄 탓이라고! 피자가 다 말라비틀어져 부서진단 말이지!" 와터스는 이를 공감한다는 듯 말한다. "유행을 따르지 않는 데서 오는 임의성과 선택의 폭은 너무나 끔찍해 생각하기조차 싫다."[25] 그러나 특정 시기에 푸디스트 유행을 타는 것은, 그들이 인정하는 재료의 범위 내에서는 상대적으로 다양한 편이 아닌데도, 하나하나 살펴보면 여전히 머리가 멍해질 만큼 선택의 폭이 넓다. 따라서 현대의 슈퍼마켓에서는 올리브유를 살 때도 스무 가지나 되는 오일 중에 하나를 택해야 한다. (음식과 보건 정책 교수인 마틴 캐러허는 이렇게 진단한다. "음식을 선택하는 폭이 넓어질수록 좁은 범위 내에서 음식을 먹는 사람에게는 유별난 난제가 발생한다.")[26] 유행하는 청바지나 가방 하나를 살 때도 여전히 여러 '디자이너' 브랜드와 '하이 스트리트' 브랜드 사이에서 선택이란 걸 해야 하는데, 푸디스트들은 더 심한 상황을 맞닥뜨린다. 그들은 유행의 노예가 된 불리한 측면만 경험할 뿐('유행을 퍼뜨리는 이'들의 우발적인 변덕에 따라야 하는 것) 긍정적인 면, 즉 고맙게도 선택의 폭이 좁아지는 혜택은 누리지 못한다. (이는 실제로 푸디즘에서 이윤을 남기려는 자에게는 상업적으로 역효과를 가져올 것이다. 스무 개 남짓의 여러 잼 중 하나를 택할 때보다 좀 더 감당 가능한 숫자, 이를테면 딱 여섯 개 중에서 고를 때 물건을 살 가능성이 높아지는 것으로 나타났다.)[27] 그리고 푸디스트의 유행 액세서리로 취급받는 아이들의 상황은 더 열악하다. 즉, 이것저것 가리는 게 많도록 강요될 뿐, 그들에게는 선택의 기회가 아예 없다.

오늘날에는 심지어 튜브에 든 거위 지방을 슈퍼마켓에서 사려고 해도 수많은 상표 중 하나를 택해야 한다. 이러한 새로운 상품이야말로 푸디스트 유행을 나타내는 상당히 좋은 예라 하겠다. 거위 그 자체를 먹는 것은 최신 유행이 아니지만, 거위 지방에 감자를 굽는 것은 분명 최신 유행이다. 요즘 감자를 다른 기름에 굽는 것은 상상조차 못할 일이다. 하지만 그 빌어먹을 남은 거위로는 뭘 한단 말인가? (거위 고기를 원한다고? 처치 곤란할 텐데.) 그런데 이제는 플라스틱 튜브에 든 거위 지방만 따로 살 수 있단다. 이렇게 해서 그 지저분하고 필요 이상으로 커다란 새(처치 곤란한 거위)는 마법처럼 쇼핑객의 의식에서 사라져 버리고, 오로지 지방 과다증으로 직행하는 길만 우리 앞에 펼쳐질 것이다. 페트리 접시 안에서 세포 배양을 통해 생겨난 동물 고기를 연구하는 (일명 '다리 없는 고기' 프로젝트) 과학자들은 언젠가 틀림없이 배양을 통해 큰 통 가득 거위 지방을 만들어 낼 테고, 그리하여 거위부터 처치하느라 드는 수고로부터 우리(또는 식품 포장업자)를 면제해 줄 날이 오지 않겠는가.

역사마저
먹다

07

*You Aren't
What You Eat*

내 앞 나무 도마 위에는 귤처럼 보이는 게 있다. 아래쪽을 보면 오렌지색 껍질에 완벽한 형태로 오목하게 들어간 부분이 있고, 초록색 줄기와 잎도 달려 있다. 하지만 탐색을 시도하는 내 나이프는 껍질의 저항력(혹은 치즈 제조자들이 말하는 업계 용어로 '반격')을 전혀 느끼지 못한다. 껍질은 버터 같은 느낌으로 무너지더니 전체가 온통 담갈색인 내부를 보여 주는데, 이건 다름 아닌 닭의 간으로 만든 맛 좋은 파르페. 나는 헤스턴 블루먼솔의 런던 레스토랑 '디너', 일명 '디너 바이 헤스턴 블루먼솔'('마이클 코어스'의 세컨드 브랜드 '마이클 바이 마이클 코어스'처럼 가격을 낮춰 고객이 더 다가가기 쉽게 만든 주류mainstream 브랜드이다.)에서 한 푸디스트 감정가가 "전설적인 맛"이라고 단언했던[1] 요리 '고기 과일'을 먹고 있다.

여기에는 액화 질소도 없고, 식사 경험을 극대화하려고 손님이 헤드폰으로 음향 효과를 들어야 할 필요도 없다. 대신, 헤스턴이 '해석한' 영국의 역사적 음식이 주를 이루며, 메뉴에는 과거 수세기 전 요리책을 참조한 '유래의 출처'를 세심하게 정리해 놓았다. 이렇게 해서 나와 내 동료는 '쌀과 고기' 전채 요리(톡 쏘는 맛의 사프란 리조토와 그 안에 부드러운 송아지 꼬리 몇 점이 떠다니는 요리)의 유래는 1390년경에 시작된 것으로, 가장 오래된 영국 요리책인《요리의 형태》에 나오는 것임을 알았다. 그리고 훌륭했던 주요리인 '향신료를 가미한 비둘기'는 1777년 샬롯 메이슨의《여성들의 조력자 그리고 요리의 완벽한 체계》에 나온다. (내가 먹은 '고기 과일'의 역사는 '13세기에서 15세기경'으로 거슬러 올라간다.) 내가 먹은 주요리인 '헤리퍼드[Hereford. 영국산 쇠고기의 한 품종] 립아이' 스테이크(훌륭한 정도는 아니지만 불가사의할 만큼 고르게 미디엄 레어로 익힌 스테이크)의 시작은 1830년경이라고 한다. 까닭인즉슨, 이 스테이크가 블루 먼솔의 유명한 '세 번 조리한 감자튀김'(실망스럽게도 (한편으론 이름에서 경고하고 있긴 하지만) 오래돼 엉겨 붙은 기름 맛이 나는 감자튀김)과 함께 그 무렵에 만들어졌다고 기술된 '버섯 케첩'과 함께 나오기 때문이다. 또한, 헤스턴은 오래된 분자 요리라는 마법을 푸딩 속에 계속 적용하고 있나 보다. 진저 아이스크림, 초콜릿, 라즈베리가 들어간 컨펙션[i]을 먹었는데, 평생 먹어 본 음식 중 가장 종잡을 수 없으면서도 맛있는 요리였다.

전체적으로, '디너'에서는 꽤 훌륭한 음식을 쾌적한 분위기에서 제공한다. 시대 의상, 이를테면 주름 칼라의 옷이나 타이즈를 입고 엘리자베스 시대의 말투를 흉내 내며 연기하는 웨이터나 류트 연주자들이

---

i confection. 보기 좋게 만들어 놓은 케이크 등 단 요리를 가리킨다.

없어 다행이었다. 포로가 된 손님들을 상대로 다중 감각 '퍼포먼스'를 강요하는 그의 다른 레스토랑을 보건대, 요리사의 의도에 따라 행여 연기를 하는 웨이터나 연주자가 적절히 배치되었을 법도 한데 말이다. 그리고 나는 '고기 과일' 전체가 다 식용은 아니라는 점을 미안해하며 미리 말해 준 친절한 웨이터 덕분에 입안에 통째로 넣었다가 밀랍으로 만든 인조 줄기를 이 사이에서 빼야 하는 수고를 겪지 않아도 되었다.

'디너'는 유행이 돌고 돌 듯이(오래 살기만 하면 옛날 옷들이 아주 잠깐 동안이라도 다시 유행을 탈 것이다.) 푸디즘 또한 어떤 식으로든 최근 들어 복고풍 혹은 재유행 단계에 진입했음을 보여 주는 사례에 불과하다. 이 단계에서 푸디즘은 사이비 학문의 절차에 따라 푸디즘의 역사를 "해석하고" 소비한다. 특정 음식은 이미 과거로의 시간 여행을 가능케 했다. 이는 롤랑 바르트가 주장한 바이기도 했다. 그는 1960년대 프랑스 음식의 광고에서 나타난 '역사적 테마'에 주목하며 "음식을 통해 프랑스인은 국가 지속성을 경험하고 있다."라고 주장했다.[2] 어쩌면 이것이 바로 이제는 단절되어 버린 앵글로색슨적인 것에 푸디스트들이 부여하려는 것일지 모르겠다. 2011년 〈셀러브리티 마스터셰프〉에 출연한 사회역사학자 루스 굿먼은 '베드퍼드셔 클랭거'(한 면에는 고기, 다른 한 면에는 잼을 넣고, 삶거나 쪄서 만드는 슈에트 푸딩)와 치즈 커스터드로 위를 장식한 '사과와 마르멜로 파이' 같은 '역사적인' 음식을 요리했다.

유행이 돌고 돌 듯이
푸디즘 또한 어떤 식으로든
최근 들어 복고풍 혹은
재유행 단계에 진입했으며,
이 단계에서 푸디즘은
사이비 학문의 절차에 따라
푸디즘의 역사를
"해석하고" 소비한다.

그랜트 애커츠가 2011년 4월, 시카고에 새로 문을 연 '넥스트'는 오귀스트 에스코피에의 조리법을 바탕으로 한 '파리 1906' 메뉴를 선보였다. 같은 해 영국에서 요리 프로그램인 〈두 뚱보 부인〉의 진행자 중 한 명인 클러리사 딕슨-라이트는 《영국 음식의 역사》를 출간했고, 펭귄 출판사는 '위대한 음식' 시리즈를 펴내면서 옛날 요리책(비튼 부인, 저베이스 마크햄, 앨리자 액턴)에서 발췌한 내용과 그 밖의 작가들(피프스. 램)이 음식에 관해 쓴 여러 종류의 글을 모아 깜찍한 크기의 문고판으로 재출간하고 있다. 2011년 9월, 런던의 포일 서점에서 개최한 행사에서 이 시리즈의 편집자인 펜 보글러는 강연을 하는 동시에 참가한 독자가 맛볼 수 있도록 여러 종류의 '역사 속' 케이크를 굽기도 했다. 마지팬과 장미수를 사용한 1615년 요리법에 따라 만들어진 '마치페인'은 '터키시 딜라이트'[Turkish Delight. 단맛이 아주 강한 터키 과자]와 비슷한 맛이었고, 1747년 요리인 '캐러웨이-앤드-색' 케이크는 술독에 빠진 맛이었다. 1845년의 생강과 당밀 케이크는 심하게 기름졌다. 먹어 보는 것이 그저 머리를 쓰는 것보다 과거를 배우는 쉽고 믿을 만한 방법이라는 생각이 루이비통 가방을 들고 다니는 젊은 독자들 사이에 퍼져 있나 보다.

실제로 음식에 관한 모든 것을 담은 '역사' 책을 써서 두 마리 토끼를 잡은 흥미로운 사례도 있다. 시타 스텔저의 2011년 작인 《처칠과의 만찬》은 제2차 세계대전 당시와 그 뒤 열린 여덟 번의 외교 만찬을 둘러싼 이야기를 엮었다. 책 속에는 당시 메뉴는 물론 좌석 배치도도 담겨 있어, 그 위대한 인물이 구운 연어로 감싸고 그 위에 새우튀김을 얹은 서대기 튀김을 먹어 치우고 곧바로 송로버섯 소스와 함께 나온 푸아그라로 속을 채운 사슴 고기를 주요리로 먹었다는 사실에 놀라게 될 것이다. 이 책은 투지 넘치게도 음식을 중심으로 한 정치 분석을 표방하지만, 사실인즉슨 지적인 자양분이 되는 뭔가를 이론적으로 배우면서 동시에 푸디스트들이 미식을 향해 심혈을 기울이는 열정에 흠뻑 취해 보도록 치밀하게 기획된 산물이다. 대단한 술고래이자 엄청난 대식가였던 윈스턴 처칠의 사례는 현대 푸디스트에게 특히 고무적으로 다가갈 것이다. 크게 벌어진 식도와 유행의 노예가 된 현대 푸디스트는 이 위대한 인물에게 깃든 불가사의한 담력과 결단력의 바탕에 있는 것이 자신들에게 특히 부족한 자질인 강인함이 아니라 음식에 대한 그의 관심이라고 믿고 싶은 것일지 모른다.

헤스턴의 '고기 과일' 요리는 사실 영국의 히스토릭 로얄 팰리스 단체의 '히스토릭 키친' 팀 수장 마크 멜턴빌이 처음 만든, 아니 말하자면 '발굴한' 것이다(요즘 들어 '음식 고고학자'라는 말을 진지하게 사용하는 것을 들어봤을 테다). 또한, 그는 "돼지 둔부살과 칠면조의 머리를 연결한 튜더 왕가의 특별 요리 코카트리스를 만드는 데 성공했다(그 둘을 꿰매는 것이다)."[3] (누구도 왜 그렇게 하는지는 모른다.) 현재 햄프턴 궁전의 주요 명소는 '튜더가의 부엌'으로, 허기진 관광객은 옛날 조리법대로 요리하는 광경을 구경하며 엘리자베스 시대의 요리 워크숍이나 역사 속 '치즈 시식회'에 참여할 수 있다. 로런 콜린스는 《뉴요커》 기사를 위해 햄프턴 궁전을 방문해 큐레이터이자 역사학자인 루시 워슬리와 함께 멜턴빌이 "1789년 2월 6일 열린 행사 당시 조지 3세 왕이 먹은 만찬을 재연"하는 것을 도왔는데, 이런 행사에 무슨 명백한 이유가 있는 건 아니었다.[4] 만찬의 음식으로는 보리 수프와 자고새, 양고기 다리로 만든 꼬치구이가 있었다. "윤기가 흐르는 하트 모양의 자고새가 시금치 위에 앉아 있었다."라고 콜린스는 쓰고 있다(하지만 다 알다시피 자고새는 죽었으니 사실상 시금치 위해 앉아 있을 수 없다). 워슬리는 자고새를 맛보더니 새된 목소리로 외친다. "쥐고기 맛이 나는 것 같네요!"[5]

복고주의는 패스트푸드 업계에서도 유행이다. 맥도날드의 '1955 버거'를 우적우적 먹다가 발견한 건데, 이 버거의 광고 또한 옛날식 미국 식당에서 식사하는 사람들의 이미지로 향수를 자극한다. '1955 버거'는 그 나름대로 미식심리공학의 경이로운 결과물이기도 하다. 패티의 겉면을 숯불에 구운 듯 보이는 효과를 내서 맥도날드의 여느 빈약한 패티보다는 '제대로 된' 버거처럼 보이고, 그 맛도 처음 0.5초 동안은 꽤 '제대로 된 버거' 같은 맛이 난다. 하지만 버거의 풍미는 돌연 사라지면서 그 자리를 베이컨, 양파, '훈제 맛 나는' 바비큐 소스 맛이 대신하고, 이 시점에서 '버거의 풍미'는 그저 화학적 가상 현실의 그림자임을 깨닫는다. 음식의 맛이 승화하는 이토록 기이하고 환상적인 여정(진짜 같았다가 환영에 가까운 흉내임을 알게 되는 과정)은 버거를 씹을 때마다 계속 반복되는데, 위장을 제외하면 이 경험은 이상하게도 만족스럽다.

'1955 버거'는 표면적으로는 맥도날드의 창립자 레이 크록의 첫 햄버거 체인점을 기념하는 상품인데, 이상하게도 미국이 아닌 독일에서 2010년에 출시되었고(독일에서 빠른 속도로 "가장 실적 좋은 샌드위치"가 되었다),[6] 승승장구하며 유럽 전역을 거쳐 영국에 들어왔다. 이 글을 쓰는 시점에서 미국 시장 출시는 여전히 '고려 중'에 있다. 이 버거를 알리는 유럽의 텔레비전 광고(멋들어진 테일핀을 단 반짝이는 자동차들과 네온이 보이는 스웨덴의 어느 곳, 처음 맥도날드 '레스토랑'에 갔던 때를 회상하는 노신사)를 보면, 그 목적이 향수를 자극해 주로 상냥하고 행복한 미국의 이미지를 팔기 위한 것임이 분명해진다. 그것도 자기네 나라에서가 아니라 유럽에서 먼저 말이다. 이렇게 맥도날드의 '1955 버거'를 통해 미국이 국제적 호의를 얻는 데 큰 성과를 거둔 것은 분명하며, 같은 시기 이 버거는 미국의 '소프트 파워'를 전 세계적으로 강화하는 데 버락 오바마 대통령이 해낸 것보다 더 일조했을 것이다.

푸디스트의 언어 또한 푸디즘의 복고풍에 기여하고 있다. '헤리티지'[heritage. 유산] 농산물은 토마토, 사과 등의 어떤 품종을 가리키는 용어로, 한때 영국에서 식용되었다가 몇몇 다수확 품종의 단일 재배가 이뤄지면서 더 이상 생산하지 않는 채소와 과일을 가리킨다. 따라서 '헤리티지' 농산물을 옹호하는 푸디스트는 더 소박하고 목가적인 과거에 대한 향수를 드러낼 뿐만 아니라 '생물 다양성'을 염려하는 생태학적 관심(더 자세한 것은 나중에)마저 내세운다. 또한, 오이 맛까지 식별하는 고도로 발달된 입맛의 사람이라며 능란하게 자신들을 드러낸다. (그러나 전문가적인 미각의 소유자라 해도 그 맛이 항상 식별 가능한 것은 아니다. A. A. 길은 헤리티지 라벨을 붙이는 수고에 대해 신랄하게 기술한다. "헤리티지 토마토 샐러드는 12파운드[2만 1600원] 가격표에 부응하려고 절박하게 애쓰는 토마토로 만든 토마토 샐러드다.")[7] 때로는 훨씬 터무니없이 들리는데도 그 대안으로 '에어룸'[heirloom, 가보]이라는 라벨을 붙이는데, 아마도 시골집과 정원을 둘러보는 문화유산(헤리티지) 투어에 함축된 고루한 의미를 교묘하게 가리려는 의도일 것이다. (세대를 거쳐 경건히 물려받은 '가보' 음식이라고 해 봐야 검어지고 쪼글쪼글해진 곡물 껍질이나 썩어 문드러진 음식 더미일 텐데.) 그러나 '가보'는 '유산'이 하지 못하는 방식으로 개인이 이룬 부에 대한 환상에 어필하고, 따라서 더욱 매력적이게도 개인주의적이다. 폴 서루[미국의 여행 작가, 소설가]는 자신만의 희귀한 성적인 감식안을 드러내며 '에어룸 토마토'에 대해 대단히 화려한 문체의 찬가를 썼다. "내가 선호하는 토마토는 주먹 크기의 브랜디와인[토마토의 한 품종]이나 거무스름한 자두와 비슷한 블랙 에티오피안, 혹은 표면에 요철이 있는 빨간 코네스토가 토마토이다. …… 이런 에어룸 토마토 모두 안쪽이 진한 색을 띠고 무척 부드러운데, 마치 입안의 살처럼 진홍색이며 부드럽다."[8] (뭐라? 입안의 살이라고?)

'헤리티지' 음식을 먹으며 나라의 유산을 소비하고 흡수해 상상 속에서나마 자신을 디즈레일리[19세기 후반 영국의 정치가이자 문인]나 처칠 같

누군가가 과거에 구할 수 있는
똑같은 재료로 200년 역사를 가진
요리를 만든다 해도, 그 요리는
과거 사람들이 먹었던 것과
똑같은 맛을 내지는 못할 테다.
우리에게는 일반적으로 그러한
똑같은 음식의 재료를 먹는 습관이나
문화적 기대가 없기 때문이다.

은 인물이라고 여기나 보다. 물론, 영국 음식은 특히 노르만 정복 이후 이주자의 여러 요리가 잡다하게 섞이는 과정을 겪었다. 바로 그것이 제이미 올리버의 2011년 텔레비전 프로그램인 〈제이미의 그레이트 브리튼〉의 주제였다. 이 프로그램은 "빛나는 우리 영국 음식 브리타니아"를 표방하면서도 실상은 이주와 다문화주의를 기분 좋게 터놓고 보여 줬다. 올리버는 방송 내내 우리가 '영국' 음식이라고 생각했던 것이 원래는 다른 나라 음식임을 설명한다. "파이라는 개념 자체는 모두 이집트에서 시작되었다." 혹은 "피시 앤 칩스를 전형적인 영국 음식으로 꼽지만, 영국의 것이 아니다. 유대인이 원조다."[9] 애교스러운 모습으로 부두에서 굴 껍데기를 까든, 길거리 시장에서 할머니들과 농담을 주고받든, 올리버는 표면상으로는 음식 프로그램에 지나지 않는 것을 통해 인종차별에 반대하는 (매우 존경할 만한) 운동을 벌인다. 그리하여 정치적 활동을 위해 푸디즘을 트로이의 목마로 활용하며, 철학이라는 쓴 약에 발칙한 블러디 메리[보드카와 토마토 주스를 섞은 칵테일] 소스로 당의를 입힌다. 이러한 그의 활동은 그 시기에 일어난 정치적 사건에 대한 암묵적인 비난으로도 읽힐 수 있다. 방송이 되던 당시, 영국 정부는 대중 영합적인 반이민 정책을 통해 레스토랑 업주들로 하여금 인도와 방글라데시, 파키스탄에서 요리사를 영입하지 못하도록 금지했고, "32억 규모의 카레 산업에 위기를 불러왔다."[10] 지역사회 장관인 에릭 피클스는 당시 영국인에게 카레 요리를 가르치는 "카레 대학" 정책을 발표해 우려를 잠재우려다가 비웃음만 샀다. 이 정책은 정부의 중대한 '통합 전략'의 일환으로 홍보되었지만, 여기서 '통합'이라는 단어는 "꺼져, 우리 스스로 하는 법을 배울 거야."라는 다소 유별난 의미를 취했던 것으로 보인다. 애초에 수많은 초기 이민 자가 향신료를 맛있게 다루는 기술을 들여오지 않았더라면 결코 배울 수 없었던 것을 가지고 말이다. (제이미의 반反인종차별주의는 그만의 독특한 스타일로 국가 행사를 축하하는 정도의 가벼운 애국심과 잘 공존한다. 그런데 그 애국심 이라는 게 때로는 어처구니없게 다른 분야로도 연장되니 감탄스럽다. 〈제이미의 그레이 트 브리튼〉의 멀티미디어 제품군 가운데 책에서 그는 이렇게 말한다. "2012년, 1948년 이후 처음으로 영국이 올림픽을 개최하면서 세계가 우리 영국인이 하는 일, 우리가 일하 는 방식을 지켜볼 것이다. 감사하게도 영국 음식의 역사에서 위대한 순간이 다가오고 있 다. 나는 이보다 더 준비가 잘 되어 있고, 이보다 더 큰 감명을 줄 수는 없으리라 말하게 되어 행복하다."[11] 어, 그렇다면 올림픽 기간 동안 전 세계가 지켜보는 게 영국이…… 요 리하는 거란 말인가?)

《제이미의 그레이트 브리튼》 책은 또한 전반적인 역사적 음식 프 로젝트에서 드러나는 긴장감을 잘 보여 준다. "영국인 아무나 붙잡고 가장 좋아하는 음식 두 가지를 말해 보라면, 대다수 사람들이 엄마표 로스트 치킨과 카레를 꼽을 것이다."라며 납득이 가는 내용으로 서두 를 열더니만, 그 뒤에 난데없이 새로운 생각을 던진다. "자, 엠파이어 로스트 치킨을 환영한다. 그 두 가지가 조합된 음식."[12] 그런데 치킨 과 카레가 정말 하나로 결합될 필요가 있었을까? 아니면, 복고풍 유 행 탓에 가여운 제이미가 그렇게 이질적인 두 가지를 섞는 술책을 써

야만 했던 걸까? 매년 새 책을 출간해야 하는 스타 요리사에게 끊임없이 요구되는 참신함에 대한 부담감은 매우 무겁다. 비평가인 데이비드 섹스턴이 주지했듯이, 제이미의 모든 요리는 사람을 혼란스럽게 한다. 그도 그럴 것이, 파스타에 아주 사소한 변화를 주려면 토마토 소스, 가리비, 베이컨, 혹은 사실상 로스트 치킨에 일일이 변화를 주는 수밖에 없다. 로스트 치킨만 해도 '나의 완벽한 로스트 치킨'(《벌거벗은 셰프》), '판타스틱 로스트 치킨'(《벌거벗은 셰프의 귀환》), '레몬과 로즈마리 로스트 감자를 곁들인 로스트 치킨'(《제이미의 디너》), '완벽한 로스트 치킨'(《제이미의 음식부》) 등 각양각색이다.[13] 그러나 참신함에 대한 끊임없는 요구는 어찌 된 일인지 요리의 미래를 모순 속에 빠뜨린다. 올리버가 방송 도입부의 내레이션에서 매번 하는 이야기는 그가 "깜짝 놀랄 만한 영국의 새로운 고전 음식을 요리하기 위한 일환으로" 여행을 떠나 영국의 음식을 발견하겠다는 것이다. "새로운 고전"에서 분명하게 나타나는 모순 어법은 한 번에 두 가지 방향을 고집한다는 것이다. 다시 말해, 제이미 올리버가 완전히 새로운 것을 생각해 낸다면 그것은 이미 고전이 아니며(미래에 고전이 되리라는 거만한 주장이 아니라면. 하지만 이런 식으로 주장하는 게 실제 제이미의 스타일은 아닌 듯하다. 설마 '엠파이어 로스트 치킨'을 갖고 그런 생각을 하겠는가.) 또 한편으로, 그가 '고전'을 만든다면, 정의상 그것은 새로울 게 없다.

누군가가 과거에 구할 수 있는 똑같은 재료로 200년 역사를 가진 요리를 만든다 해도, 그 요리는 과거 사람들이 먹었던 것과 똑같은 맛을 내지는 못할 테다. 우리에게는 일반적으로 그러한 똑같은 음식의 재료를 먹는 습관이나 문화적 기대가 없기 때문이다. 햄프턴 궁전의 고전 음식 요리사인 마크 멜턴빌은 이렇게 인정한다. "중대한 문제는 우리가 평생 정제 설탕과 정제 단백질을 먹으며 자라 온 현대인이라는 점이다. …… 조지 왕조 시대의 사람들은 극단적인 맛에 길들여지지 않았다. 현대인은 멕시칸 칠리를 먹고 나서 혀가 불타는 매운맛을 맛본 적이 있고, 스스로 일어설 수 있게 된 이후부터 설탕이 들어간 쿠키를 먹어 왔다. 그런데 어떤 음식이 장미 꽃잎을 가지고 미세하게 단맛을 낸 것이라면, 현대인이 어떻게 그런 음식의 맛을 느낄 수 있겠는가?"[14] 역사적 푸디즘이 은연중에 약속하는 것은 미각적인 감각을 통해 심리적 시간 여행에 몸을 맡기고, (말 그대로) 내장을 통해 역사를 배우는 것이다. 그러나 현실은, 우리가 과거에 있지 않으므로 과거를 맛볼 수 없다. 반면, 우리가 과거의 요리법을 변화시키거나 '업데이트' 또는 '해석'해서 이를 '새로운 고전'으로 만든다 해도 그것은 더 이상 진짜(the real thingTM[i])가 아니다.

---

i 상표(confection)를 가리키는 기호로, 등록되지 않은 상표에 사용하는데, "진짜(the real thing)"라는 표현은 오래전부터 코카콜라가 사용한 광고 슬로건(이것이 진짜)이다.

진짜라
내세우다

08

*You Aren't
What You Eat*

푸디스트들이 '헤리티지'나 '에어룸'으로 지정된 식품을 선호하는 경향은 그들의 반근대적 편견을 여실히 보여 준다. 즉, 현재 대중이 먹고 있는 음식은 공장에서 생산되는 질 낮은 합성물이라 여기는 것이다. 그들이 이런 음식으로부터 진짜를 회복하는 방법은 과거 시골에서 먹던 방식대로 먹는 거다. '진짜'라는 개념은 페란 아드리아를 선두로 한 유명 요리사들이 2011년 '리마 선언'을 통해 표방한 '가치들' 중 하나이며, 무엇이 특정 요리법의 '진짜'인지를 두고 벌이는 속물적인 다툼은 오랫동안 푸디스트에게 즐거운 오락거리가 되어 왔다.

줄리아 차일드는 프랑스에서의 삶(이후 미국으로 돌아와 미국 최초의 텔레비전 요리사가 된다.)을 기록한 회고록에서 부야베스를 만드는 '진짜' 요리법을 (한 요리책에서) 찾았다고 자축하며, 진짜 지중해 사람은 토마토를 절대 넣지 않는다고 주장한 자부심 강한 마르세유 사람과 벌인 논쟁을 회고한다. 부야베스[i]에 토마토를 넣어야 할지 말지 확고한 의견은 없더라도, 프랑스 여성이 자만심 가득한 미국인 관광객으로부터 자신의 '유산'을 방어하는 태도에 고무된 독자들은 마르세유 사람을 조용히 응원한다. 그러나 차일드는 르불의 《프로방스 요리사》에서 발견한 토마토가 들어간 요리법을 언급하며 자신의 주장이 확실하다고 단언하더니("그러니 그만하자고!" 그녀는 짧게 승리의 환호성을 지른다.) 그 가여운 프랑스 여성의 성격적 결함을 트집 잡기에 이른다. 차일드는 "무지에 기반을 둔 독단적 태도"라며 진심으로 경멸한다. 그녀는 또한 이런 일화를 통해 자신이 프랑스 요리에서 항상 우월하다는 걸 빠뜨리지 않고 전한다. "나는 모든 것을 상세히 연구하기에 보통의 프랑스인보다 프랑스 요리에 관해 더 많이 알았다."[1] 차일드는 프랑스인이 세대에 걸쳐 만들어 온 전통 요리에 단 한 가지 참된 요리법, 즉 '진짜'가 존재하며 더더구나 그 방법이 확고하게 보존되어 불변하다고 추정하는 심각한 잘못을 저지르는 동시에, 책 속에서 미국인의 무지와 우월감을 드러내며 비난을 자초한다. 열성적인 푸디스트들은 미국과 일본에서 날로 인기가 치솟는 '먹기 대회'(예를 들어, 10분에 핫도그 59개 먹기) 같은 행사를 백안시할지 모르나, 현대의 모든 푸디즘이 양적인 것을 기준으로 삼지 않을 뿐 이국적 정취와 진짜 원조임을 경쟁 기준으로 내세운다는 점에서 먹기 대회와 다르지 않다는 것을 그녀는 또한 증명해 보인다. 공정을 기하기 위해 주목할 점은, 회고록 뒷부분에서 그녀 또한 마늘 압착기를 사용한다고 고백한 것인데, 이것이 뭔

---

i bouillabaisse. 향신료를 많이 넣은 프랑스 남부의 생선 수프

가 하면 (앤서니 보댕을 포함해) 다른 이들에게는 진짜가 아닌, 속물적 허세의 절정에 있는 도구이다.[2]

그 밖에도 '진짜'라는 개념을 이용한 음식업계의 유행이 있다. 요리가 나오는 고급 나이트클럽인 '저녁 식사 클럽supper club'을 유행에 맞춰 상업화한 '팝업' 레스토랑이 그것이다. 2009년, 영국 일간지《인디펜던트》는 "푸디들의 최신 유행으로, 개인 주택에 위치한 언더그라운드 '팝업' 레스토랑들이 런던에서 히트하고 있다."라고 단언했다. 최근 지복의 천년 이후를 휩쓸고 있는 비대칭전戰의 유행에 발맞춰, 팝업에 드나드는 겁 없는 푸디스트들은 자기가 무슨 게릴라전을 벌이며 돼지 곱창으로 끼니를 때우는 체 게바라라도 되는 양 '게릴라 식사'에 빠져 있는 것으로 묘사된다. 그리하여 간단히 때우는 것이야말로 완전히 진짜다. "외식이란 것이 옷을 갖춰 입고 들뜬 마음으로 임하는 사교 모임이 된 시대에, 팝업 레스토랑은 여러 면에서 진짜 먹는 것으로 회귀이고, 음식의 핵심은 오로지 제철에 나오는 신선한 재료를 기교 없이 요리한 것이다."[3] 잠깐, 그렇다면 팝업에 한 번도 가 본 적 없는 이는 진짜로 먹어 본 적이 없다는 말인가.

이렇게 해서 팝업이 진짜이고, 어찌 된 일이지 팝업 레스토랑에는 '거리street'의 특성이 있다. 개인 아파트나 주택에서 시작된 '언더그라운드' 문화에서 벗어나 본격적으로 상업화되던 때조차 여전히 일시적인 장소에서 열리는 팝업 레스토랑은 계속 거리의 특성을 유지한다. 런던의 일간지 《이브닝 스탠다드》는 2011년 말 "런던 사람들이 거친 팝업을 숭배하고 있다."라고 썼다. 이 일간지는 뎃퍼드에 주차된 낡은 30번 버스에서 운영되는 피자 레스토랑 '더 빅 레드'를 소개했다. 기자는 이 레스토랑의 매력이 실제 음식과는 거의 관련이 없다고 인정한다. 오히려 손님들은 런던 동부 쇼어디치의 낙후된 분위기를 즐기려고 그곳을 찾는다. "이 레스토랑은 옛스러우면서 멋스런 방식(바닷가 갑판 덱, 바질과 인동덩굴, 라벤더를 심은 화분들, 예술품 같은 의자와 테이블, 유리에 넣은 향초)으로 아름답게 꾸며졌다. 흰색 소파 두 개가 아무렇게나 놓여 있고, 시시덕거리거나 노트북으로 작업할 수 있는 부스가 하나 있다."[4] 그리하여 팝업 레스토랑과 그곳을 찾는 손님들이 내세우는 때 묻은 진짜는 의도된 바가 아닐지라도 세련되게 흠집을 낸 것이다. (만약 팝업 레스토랑 사업가들이 스트리트 느낌을 지향하는 자들이 표현하고 싶은 대로 진짜 '스트리트' 느낌을 주고 싶다면, 맛있는 한국 음식이나 베트남 음식을 팔러 다니는 뉴욕의 상인들처럼 길가 수레에서 신선하게 요리한 음식을 언제라도 팔 수 있을 텐데.)

역설적이게도 세계적으로 저명한 스타 요리사들조차 자신만의 '팝업 레스토랑'을 연다. 일례로 토머스 켈러는 2011년 10월, 런던 해롯 백화점에 단기 입주했다. "앤절라 하트넷과 톰 에이킨스 같은 셰프들은 그해 가장 인기가 많은 정찬 티켓을 사는 데 인당 250달러[30만 원]를 들였다(술과 서비스 요금 제외)."라고 한 일간지는 열변을 토했다.[5] (그 달, 켈러는 BBC 토요일 아침 텔레비전 요리 프로그램 《토요일의 부엌》에 출연했다. 사람 좋게 생긴 모습의 그는 평소 텔레비전에서 요리한 적이 없어 떨기까지 했다. 그렇게 나가긴 했어도, 그는 자신의 원칙 때문에 게스트들이 나와 재미로 하는 도전에 제대로 응할 수 없었다. 달걀 오믈렛 세 개 빨리 만들기 게임에서 퀠러는 역대 출연자 중 가장 느린 시간을 기록하며 매력적이면서도 유머 있게(그러나 강철 의지로) '부드럽게 요리하기'를 설파했다.) 2011년 12월, 런던에서 열린 '테이스트 오브 크리스마스 푸드 페스티벌'에는 부대 행사로 '팝업 레스토랑 빅 페스티벌'이 마련되었다. 여기에 포함된 '제이미 올리버 정찬 티켓'은 눈물이 고일 만큼 비싼 가격인 75파운드[13만 5000원]에 미리 예약할 수 있었는데, 전하는 바에 따르면 제이미 올리버 재단을 지원하는 거란다. 그런데 작은 글씨로, 재단에 돌아가는 몫은 그중 겨우 2파운드[3600원]라고 쓰여 있다. 결국, 유명 요리사의 팝업 레스토랑은 그곳에 가고 싶다는 열망을 부추기고, 또 다른 종류의 희소성을 가미한다는 점에서 그저 자기 밥그릇 챙기는 행사에 불과하다. 일반적인 레스토랑의 협소한 구조(한 번에 받을 수 있는 손님의 수에 한계가 있다.)에다 팝업이라는 일시적 희소성을 더한 것이다. 한마디로 특정 기간에만 존재하는 레스토랑이니 얼른 서둘러야 한다는 것! (어떤 면에서는 런던에서 미리 예약할 수 없는 레스토랑이 유행처럼 증가하는 것과 유사점이 있다. 일례로 '미트 리큐어Meat Liquor'에서 햄버거 하나를 먹으려고 밖에서 추위에 떨며 두 시간을 선 채로 기다려야 한다면, 그 햄버거가 평생 먹어 본 것 중 최고로 맛있는 햄버거라 믿고 싶어질 거다.) 한몫 잡으려는 기회를 노린다는 점에서 팝업은 한 해 중 특정 시기에만 팔았던, 입에서 사르르 녹는 영국제 초콜릿 '캐드버리 크렘 에그'에서 좀 더 진화한 유사체일 뿐이다. 그리고 "음식업계에 종사하면서 오래 지속되는 레스토랑을 열고 싶어 하지는 않는" 사람들을 '팝업퍼pop-uppers'라고 묘사하는 게 가능하다면,[6] 차라리 그들을 떠돌이 순회 요리사라 부르는 게 어떨까. 그게 훨씬 솔직담백하면서, 진짜 요리사처럼 보이려 애쓰는 모양새가 그나마 덜 절박해 보일 것 같은데 말이다.

푸디스트들이 신봉하는 '진짜와 가짜 차별주의authenticism'의 중요 하위 갈래가 되는 용어를 제공한 것은 바로 프랑스인이었다. 이른바 '노스탈지 드 라 부nostalgie de la boue', 문자 그대로 진흙에 대한 향수란 뜻이다. 불결하긴 하지만 어찌 됐든 노동자 계층의 진솔한 습관으로 돌아가고자 하는 열망이 암시되어 있다. 빈민이나 먹는 것으로 멸시되던 유제품이 재발견되어 유럽 상류층의 요리에 들어간 것은 르네상스 시대의 노스탈지 드 라 부가 원인으로 보인다. 한편, 계몽주의 시대 동안 유행한 향수 어린 목가적 취미로 인해 프랑스 귀족들은 그나마 다행히도 "소들과 똥 더미"는 없는 "모형 우유 제조장을 정원에" 지었다.[7]

속물적인 향수를 가미하는 분위기는 예전부터 푸디스트의 글에서도 분명하게 드러났다. 엘리자베스 데이비드가 무시하는 듯하면서도 호의적으로 묘사한 '원시 크레타섬 타베르나'[8] 혹은 소피 달의 '시골풍 수프'[9]가 그 예라 하겠다. 현대 푸디즘에서 노스탈지 드 라 부의 절정은 일반 시민의 음식을 '재발견'하고 기념하며 눈눈에 따라 음식을 정교하게 재발전시킨 뒤 결국 일반인이 사 먹을 엄두가 안 나게 만든다는 거다. 퍼거스 헨더슨은 모든 노동자 계층이 사 먹을 수 있었던 창자와 내장으로 최고급 요리를 만들어 낸 선구자이다. ("차갑게 한 양의 골을 얹은 토스트: 이것은 골의 질감을 특히 좋아하는 사람을 위한 요리다.")[10] 토머스 켈러의 《프렌치 런드리 요리책》에는 미국 노동자 계층이 먹는 음식에 대한 자잘한 농담들이 가득하다. "칩스chips와 딥dip[소스의 일종]: 미국인이 좋아하는 요리로 감자튀김과 크렘 프레슈 딥[i]에 송로를 추가하면 조금 더 우아한 요리가 된다."[11] 또, 애정을 담아 이렇게 쓰기도 한다. "체서피크 만 소프트-셀 크랩 '샌드위치': 물론 진짜 샌드위치는 아니지만 토마토와 타르타르 소스가 수북이 들어간 전통적인 소프트-셀 크랩 샌드위치에 대한 사랑에서 비롯된 요리다." 그러고는 만드는 법을 설명한다. 먼저 소스를 접시 위에 올린다. 그리고 "소스 위에 크루통 하나를 놓고, 몸과 집게발을 잘라 다듬은 게를 얹고 나서 토마토 콩피[ii], 아루굴라, 튀긴 케이퍼[iii]를 올린다."[12] 사진으로 본 최종 결과는 브뤼헐의 작품 〈바벨탑〉보다 더 높고 가늘어 보인다. 머릿속에서 오래 궁리해 가며 3차원적으로 처리(비디오 게임으로 다년간 갈고 닦은 능력)해 본 결과, 이 기묘한 요리를 한 입에 다 넣을 수 없는데, 어떻게 이 '샌드위치'란 걸 먹으라는 건지 여전히 상상이 안 간다. 노동자 계층의 음식을 농담거리로 만드는 또 다른 예는 켈러 스타

i crème fraîche dip. 젖산을 첨가해 약간 발효한 크림.
ii confit. 원래 콩피는 고기를 아주 오랫동안 서서히 조리하는 법이다.
iii caper. 케이퍼 꽃봉오리로는 피클을 만드는데, 연어 요리에 빠지지 않고 나온다.

한 사람이 속한 계층을
확실하게 구분하는 유일한 방법은
똑같은 것에 누가 돈을 더 많이 내나
확인하는 것이겠으나,
또 하나 방법이 있기도 하다.
그것은 바로 진짜나 원조에
집착하는 심리가 있나 보는 것이다.

일의 "피시 앤 칩스"로(켈러는 어떤 말을 액면 그대로 받아들이지 말라는 부호를 다시 한 번 사용함), 이 요리는 사실 '팔레트 다이 두Palette d'Ail Doux'를 곁들인 노랑촉수[Red Mullet, 바다 생선의 일종]와 마늘 칩스다.[13] (칩스는 영국인이 "크리스프"라 부르는 감자튀김이다.) 이 요리는 위로 높게 쌓아올린 생선 토막으로 이루어져 있는데, 젠가 게임에서 나무 블록으로 쌓아 올린 탑이 무너지기 직전의 순간을 동결해 놓은 것 같은 모양새다. 노동자 음식으로 재간을 부린 이런 요리는 이미 BBC 방송의 코미디 프로그램 〈포시노시Posh Nosh〉에서 패러디했으나(이를테면 "건축기사의 피쉬 앤 칩스"를 "건축가architect의 피시 앤 칩스"로 새롭게 탈바꿈하는 식이다)[14], 뉴스 미디어와 마찬가지로 최신 유행하는 푸디즘은 인상적이게도 패러디를 잘 버틴다. 조촐하게 음식을 만들어 파는 이들을 동경이라도 한다는 듯 서민 음식을 '장인匠人'의 손길이 깃든 음식으로 탈바꿈시키기도 하는데, 이런 유행에서도 푸디스트들의 젠체하는 태도가 드러난다. 앤서니 보뎅은 뉴욕 시에서 "장인" 피자가 "실용적인 조각 피자"를 몰아내고 있다고 전한다.[15] '키친'이 최근에 뜨는 말이 된 것도(가스트로펍은 '바 앤 키친'으로 바뀌고 있다.) 이런 식으로 서민을 가장하는 속물주의에 영합해서인데, '키친'에 담긴 실용적이고 서민적인 연상은 일부 '키친'이 노골적으로 부유한 계층을 타깃으로 한다는 점에서 모순이라 하겠다. 2011년 9월 문을 연 고든 램지의 '브레드 스트리트 키친'은 곡물을 중심으로 고형 식품을 판매한다는 것만 다를 뿐 수프 키친[수프를 제공하는 무료 급식소]을 연상시키는데, 전채 요리만 10파운드[1만 8000원]가 넘고,

메인 코스는 20파운드[3만 6000원]가 넘는 레스토랑이었다. 이곳은 "대놓고 중산층, 4만에서 5만 파운드[7200만 원~9000만 원]를 버는 도시 근로자를 겨냥한" 식당인 것이다.[16] (게다가 여기서도 감자튀김을 '비커'에 낸다.)

노동자의 음식을 사치스럽게 변형하거나 장난감처럼 만들어 먹는 것은 새로운 재료를 강구하는 행위처럼 일반 대중이 먹는 방식을 앞서 나가려는 또 하나의 시도일 뿐이다. 앞서려는 욕망이 가득한 푸디스트가 그럼에도 불구하고 평범한 음식을 먹는다면, 그는 '구르메 버거 키친' 체인점의 '구르메 팝콘'이나 심지어 '구르메 소금'(다른 소금처럼 염화나트륨이지만 응고 방지제가 들어 있지 않은 소금)처럼 미식을 뜻하는 '구르메 gourmet'라는 칭호가 붙었는지 확인할 것이다.[17] 푸디스트가 특별히 찾는 고급 레스토랑에서는 '구르메 소다'를 마실 수도 있다. (미국 음식에 관한 하비 리벤스테인의 훌륭한 사회역사서 《풍요의 역설》에 따르면, 과거 1950년대 후반 미국에서 '구르메' 제품이 제법 큰 인기를 끌자 당시 제너럴 푸드사社는 '구르메 푸드 부서'를 신설했다.)[18] 따라서 '구르메' 상표가 붙은 식품을 사는 소비자는 자기 생활 수준보다 낮은 서민의 음식을 먹어 보는 재미를 맛보는 한편, 그럼에도 미식가적인 안목에서 한 수 위라는 소리를 들으며 두 마리 토끼를 잡는 기쁨을 느낀다. 음식은 정말이지 도처에서 사회경제적 계층과 매우 밀접한 관계를 맺고 있다.

데이비드 섹스턴은 특히 영국이 "계층에 얽매인 분열된 음식 문화"를 가지고 있다고 주장했는데,[19] 사회인류학자인 잭 구디가 연구 논문 《요리법, 요리, 계급》에서 밝히듯이, 음식으로 사회적 신분의 경계를 짓고 신분을 알린 역사는 아주 오래되었으며 전 세계적으로도 보편적인 현상이다. 프랑스 귀족은 빈민층과 같은 종류의 음식을 먹은 적이 없고, 6000년 전 이집트 귀족도 마찬가지여서 농민이 "대추야자, 채소, 그리고 어쩌다 생선"을 먹을 때 지배 계층은 "공들여 차린 식탁에서" 정찬을 했다. 3000년 전 메소포타미아에서는 빈민층이 절인 생선을 먹을 때 부자는 쇠고기를 먹었다.[20] 부유층의 타락해 가는 연회 문화를 걱정하던 로마인은 사치 금지법을 통과시켰다. 또한, 고대의 인도 문서에 따르면 "카스트 제도는 부분적으로 한 인간이 먹도록 허용된 음식의 유형에 따라 규정된다." 한편, 중세의 아랍 요리책은 이국적인 비싼 재료를 사용하도록 종용하며 단순한 음식들은 "하층민이나 먹는 것이라고 멸시한다."[21] 《나쁜 음식 영국》의 작가 조애나 블라이스먼은 "영국의 좋은 음식이 고급스러운 것으로 여겨지게 되었다."라고 불만을 표시하지만, 이는 분명 (적어도) 노르만 정복 이후 귀족의 만찬을 운운하는 프랑스인이 영국에 들어온 때보다 훨씬 최근에 일어난 일로 생각된다.[22] (사실, 프랑스에 있던 프랑스인도 오래 전부터 영국의 음식을 못 먹을 음식으로 간주해 왔다. 장 콕토의 얕보는 듯한 거창한 경구는 이를 잘 보여 준다. "1940년부터 영국인은 자기네 음식과 함께 홀로 동떨어져 있었다.")[23]

《가디언》을 통해 영국의 음식 습관을 조사한 존 헨리는 넓은 의미에서 주장을 펼친다.

음식은 영국 사회에서 그 어느 때보다 더 사회적·계급적 구분을 나타내는 주요 지표 중 하나가 되었다. 형편이 좋아질수록 더 잘 먹는 경향이 강해져, 신선하고, 가공되지 않고, 영양가 높으며, 농산물 직판장이나 독립적인 소규모 공급업체에서 구매한 로컬푸드를 먹는다. (물론 시간이나 편의성의 이유로 잘 먹는 것을 선택하지 않을 수 있다.) 형편이 좋지 않다면 질 낮은 음식을 먹을 가능성이 높다. 보존·가공되고 설탕과 지방, 탄수화물 함량이 높고, 대량 생산된 음식을 편의점이나 할인 매장에서 사 먹는다. (물론 가난하더라도 잘 먹는 것을 최우선순위에 놓을 수도 있다.)[24]

이는 영국뿐만 아니라 프랑스나 미국에서도 마찬가지다. 그러나 존 헨리는 계층을 구분하는 방식에 적용되는 또 다른 기준을 찾아냈다. 즉, '잘' 혹은 '형편없이' 먹는 것의 기준이 과거에는 달랐고, 미래에 또 달라질 수 있는 유행에 기반을 두고 있다는 것이다("현지에서 생산되거나 가공된 음식" 같은 유행, 이는 뒤에서 더 자세히 다룰 것이다). 애덤 고프닉[미국의 유명 에세이스트]이 지적하듯 잘 먹는다는 것이 한때는 제철이 아닌 음식을 먹는 것이었고,[25] 흰 빵은 과거에 부유층을 위한 것이었지만 이제는('역설적이게도' 롤랑 바르트는 이미 50년 전에 이를 지적했다.) 갈색 빵이 '세련됨'의 표시다.[26] 따라서 중산층 푸디스트에게 '잘' 먹는다는 것의 지엽적인 정의는 불우한 계층이 얼마나 '형편없이' 먹고 있는가를 개탄하는 데 사용된다.

다양한 사회경제적 계층에 따라 식습관이 제각각이라는 사실이 (비록 영국이 자랑스럽게도 유럽에서 먹는 전체 감자튀김 중 절반 이상을 우적우적 먹고 있긴 하나) 현대 영어권 국가에서 특별한 일이 아니며,[27] 미디어 푸디즘에 대한 몰두도 특별할 게 없다. 영국이 적어도 이 점에서는 세계를 선도할지 모르나(BBC의 〈마스터셰프〉는 29개국에서 대단한 인기몰이 중이다), 대다수 나라도 자체 제작한 음식 관련 매체가 있다. 프랑스에는 안 나오는 데가 없는 생글거리는 얼굴의 요리 프로 진행자이자 요리책 저자인 카린 테이상디에와 현재 세 개의 다른 음식 프로그램을 진행하며 최근 200가지 초콜릿 레시피를 담은 책을 낸 쥘리 앙드리외가 있다.[28] 독일에는 친근한 셰프들이 원탁에 둘러앉아 이야기하는 〈란츠 요리하디!〉라는 프로그램과 영국에서 대단히 인기 있는 〈나와 함께 식사해〉와 포맷이 비슷한 〈완벽한 식사〉라는 프로그램이 있다. 2011년 스웨덴에서는 "가슴골을 강조한 블라우스"로 잘 알려진 유명 셰프 레일라 린드홀름이 저지방 스프레드보다는 유제품을 더 이용해야 한다고 추천한 뒤로 버터 품귀 현상이 일어났다. (그해 말 노르웨이에서는 미디어가 조장한 건강식품 탐욕 열풍으로 고지방 식단이 뜨자 버터가 동났다.)[29]

오늘날 미국에서의 음식과 계층에 관한 흥미로운 최근 연구에 따르면, 신분을 보여 주려고 음식을 사용하는 것은 교묘한 과시적 푸디즘에 탐닉할 여유가 없거나 건강에 좋은 음식을 구하는 게 사실 어려운 계층에게도 널리 퍼져 있는 현상이다. (적당한 가격에 채소를 살 수 있는 대형 슈퍼마켓은 빈곤한 도심 지역에 입점하지 않아서, 미국에는 "먹거리 사막"으로 알려진 곳이 생겨났다.) 연구에 참여한 저자들은 패스트푸드점에서 '슈퍼 사이즈'를 주문하는 것이 배고픔이나 탐식의 문제가 아니라, 만성적으로 결핍된 사회적 신분을 보상하는 방식이리라 추정한다. 패스트푸드점이라는 마이크로 사회 안에서 더 큰 사이즈는 더 높은 신분을 반영한다는 생각이 깔려 있기 때문이다. 저자들에 따르면 이는 안타깝게도 역효과를 불러일으키는데, 쉽게 비만으로 이어지면서 그 자체로 또 다른 사회적 오명을 덧씌우니 말이다.[30] 한편, 《뉴욕 타임스》 칼럼니스트 프랭크 브루니는 기름진 남부 요리를 전문으로 하는 '시골풍' 요리사 폴라 딘과 앤서니 보댕 사이의 공개 논쟁이 있은 직후 "음식업계의 계층 편향적인 위선"을 지적했다. 앤서니 보댕은 "가뜩이나 비만인 국민"에게 그들을 "죽이고 있는" 음식을 더 먹도록 선전한다며 폴라 딘을 비난했는데, 이에 대해 브루니는 말한다. "딘이 닭을 튀기면, 우리 중 많은 이들이 거부감에 멈칫한다. 그런데 맨해튼의 요리사인 데이비드 창이나 앤드류 카르멜리니가 같은 요리를 하면 예약을 하려고 기를 쓰면서 고향의 맛이라 치켜세운다."[31] 한 사람이 속한 계층을 확실하게 구분하는 유일한 방법은 똑같은 것에 누가 돈을 더 많이 내나 확인하는 것이겠으나, 또 하나 방법이 있기도 하다. 그것은 바로 진짜나 원조에 집착하는 심리가 있나 보는 것이다.

자연에
미치다

09

You Aren't
What You Eat

음식이 진짜라고 가장 신뢰하게 만드는 것은 자연 그 자체이다. '자연적'인 것은 그 사실 때문에 진짜 중에 진짜이며, 존중받을 가치가 있다. 실제로 푸디스트들은 가장 중요하게 여기는 미덕의 하나로 툭하면 "음식 재료에 대한 존중"을 언급한다. 당근을 땅에서 뽑아(고로 당근을 죽이는 것) 다지고 익히고 씹어서 인간의 소화기관 속 박테리아와 위산에 보낼 때, 애꿎은 당근에게 (푸디스트의 주장인즉슨, 심지어 채소마저 존중하자는 것) 얼마만큼 경의를 표해야 하는가는 까다로운 문제이다. 도살당하는 소나 돼지에 얼마나 '경의'를 표해야 하는지는 말할 것도 없고. 2011년에 방영된 〈마스터셰프: 전문가들〉의 한 에피소드에서 산비둘기 요리를 위해 로스팅을 준비하는 참가자의 모습에 모니카 갈레티는 기뻐하며 이렇게 말했다. "그는 비둘기가 받을 만한 존중하는 태도로 비둘기를 다뤘다." 비둘기가 받아 마땅한 존중이라는 것도 정확히 따져 보자면 가위로 날개와 머리를 자르고 깃털과 내장을 떼어 낸 뒤 다리와 날개를 묶어 고정하는 것이다. 이와 똑같은 방식으로 "당신의 의견은 존중하지만"이라는 표현은 세련된 빈정거림일 뿐, "내 보기에 당신의 의견은 존중할 가치가 전혀 없다."라는 뜻이다.

다른 생물체를 자르고 익히고 씹어 삼킴으로써 그 생물체에 '경의'를 표현한다는 생각은 매우 편리한 목적론[i]을 넌지시 내보이는 듯하다. 즉, 이 생물체들은 어찌 됐든 모두 인간의 위장으로 들어올 운명이며 따라서 우리 몸속에 잘 들어오도록 온 신경을 쓰는 것은, 헤겔 철학[ii]에서 말하듯 세계의 식도가 본래의 자기를 차츰 알아가는 데 기여하는 알맞은 방식인 것이다. 게다가 버섯이나 자고새가 정말로 먹히길 원하는데, 우리가 그렇게 하지 않는다면 분명 무례한 일이 될 것이다. 그렇다고 더글라스 애덤스의 《우주의 끝에 있는 레스토랑》에 등장하는 소들처럼 손님 테이블까지 걸어 나와 가장 맛있는 부위에 대해 기분 좋게 재잘대다가 느릿느릿 걸어가 도살당한 뒤 요리된다고 생각하지는 않겠지? (런던의 고급 스테이크점 '가우초 그릴'에서는 '고기판' 위에 그날 요리할 날고기를 잘라 선보인다. A. A. 길은 이 레스토랑을 냉소적으로 묘사한다. 웨이터는 "도살 선고를 받은 소가 마지막으로 먹은 게 뭔지 슬며시 알려 준다. 이건 옥수수를 먹었고, 이건 풀, 이건 맥주를 마시고 마사지를 받았다는 식이다.")[1] 그렇다고 식물에게 정신적인 영혼이 있다고 한 18세기 스코틀랜드 철학자 토머스 리드의 생각에 푸디스트들이 동의하는 것 같지도 않다. 감자와 양

---

i 모든 사물은 목적에 의하여 규정되고 목적을 실현하려고 존재한다는 입장.
ii 세계의 역사란, 정신이 본래의 자기를 차츰 정확하게 알아가는 과정을 서술한 것이라는 헤겔의 말을 차용한 것이다.

파 같은 근채류를 먹으면 전체 식물을 죽이는 것이기에 이를 멀리하는 자이나교의 엄격한 견해를 따르는 것도 아니다. 그렇다면, 자신이 먹고 있는 것에 경의를 보인다는 푸디스트의 고백은 신성한 체하려는 자기선전에 더욱 가까워 보인다.

푸디스트들의 푸디스트이자 요리사들의 요리사인 토머스 켈러는 음식을 매우 존중한다. 그는 "요리가 즐거운 또 한 가지 이유는 음식에 대한 존중"이라고 단언한다. "음식에 대한 존중은 생명에 대한 존중이다."[2] (막 시작된 당신 입의 즐거움을 위해 목숨을 빼앗긴 덩이줄기나 거북이의 생명은 아마도 예외인 듯.) 앤서니 보댕 또한 켈러가 음식에 표하는 존중에 깊은 존경심을 표하며 '프렌치 런드리'의 무대 뒤 일상을 꿈꾸듯 쓴다. "그가 생선을 어떻게 다루는지, 얼마나 부드럽게 도마 위에 올려놓고 어루만지는지, 마치 옛 친구와 대화라도 하는 듯 얼마나 신중하고 정중하게 다가가는지 알지 못할 것이다."[3] 운 좋게도《프렌치 런드리 요리책》에는 켈러가 신중하고 정중하게 생선을 다루는 한순간이 사진으로 포착되어 불멸로 남아 있다. 사진 속에서 그는 피시 위스퍼러fish whisperer 같은 모습으로 레스토랑의 부엌에 있는데, 판 위에 놓인 생선 위로 두 손바닥을 수평하게 들고 있어 마치 생선에게 원기를 북돋는 기 마사지라도 하는 듯 보인다. (그는 또한 감동적이게도 생선을 '헤엄치는 자세'로 저장한다. 비록 생선이 다시 헤엄칠 일은 없겠지만.)

한편, 보댕이 퍼거슨 헨더슨의 런던 레스토랑에서 식사할 당시, 헨더슨은 직접 테이블로 건너와 돼지꼬리 고기를 칭찬하며 이렇게 말한다. "이건 아주 고귀한 혈통의 돼지입니다."⁴ 그게 진짜 그토록 "고귀한" 돼지라면, 어민 털[왕족, 귀족이 쓰던 북방족제비 모피]로 장식한 예복이라도 입혀서 일대 귀족[세습이 안 되는 귀족]으로 추천이라도 하지, 어째서 그냥 죽게 내버려 두었느냐고 묻지 않을 수 없다. 책을 통해 지복 천년의 트리프주의ⁱ 철학을 선언했던 헨더슨은 직접 이렇게 설명한다. "'코부터 꼬리까지 먹기'가 뜻하는 바는, 고기 전체를 최대한 활용하지 않는다면 그 동물에게 불성실한 태도를 보이게 된다는 것이다."⁵ "낭비가 없으면 부족이 없다."라는 속담의 원칙에 분명 동의할 수 있다. 하지만 죽은 동물 입장에서는 누군가가 자기에게 "불성실"하니 어쩌니 하는 것 따위엔 관심 없을 테다. 헨더슨의 세계 역시 놀랍게도 "우주의 끝에 있는 레스토랑"의 세계와 가까운 듯하다. 그 세계에서 음식은 죽고 나서도 인간이 어떤 방식으로 가장 맛있게 먹어야 하는지 의견을 개진한다. "메추라기는 충분히 익혀지길 원해요." 뻑뻑한 마요네즈는 "당신의 게를 위해 친절한 파트너가 되지 못해요."⁶ 이렇게 정감 넘치는 의인화는 한편으론 그저 헨더슨 스타일을 유쾌하게 풀어놓은 산물이지만, 그것들은 모두 한 방향을 가리킨다. 바로 죽음과 소멸의 부정.

　푸디스트에게 그렇게 먹기 껄끄럽다면 식물과 동물을 먹지 말라고 말하려는 게 아니다. 다만, 나도 고기를 먹지만 내가 동물을 먹는 행

ⁱ tripeist. 트리프(tripe)는 소나 양의 위장에서 사람이 먹을 수 있는 부분을 가리킨다.

위가 그 동물에 경의를 표하는 방식이라고는 주장하지 않는다. 그렇게 하는 것은 공장식 축산 농장에서 만들어진 상품을 먹는 대중에게서 드러나듯이(혹은 의기양양한 푸디스트들이 그렇게 말하듯이) 동물의 죽음과 관련해 부정의 감정을 드러내는 것이다. 푸디스트 대식가가 동물을 죽이는 과정에 경의를 표하며 진지하게 언급하는 것은 위험스럽게도, 그 자신의 탐식 욕구를 신성시하거나 혹은 (조지 W. 부시의 인상적인 말실수 장면을 수정하려고 하거나) 매우 고귀하다는 돼지 입에 립스틱을 칠하려는[i] 또 하나의 방식처럼 보인다.

채소나 동물에 대한 존경과 우리를 양육하고 우리에게 영양분을 공급하는 토양 자체에 대한 존경은 한 끝 차이에 불과하다. 실제로 마이클 폴란이 《음식 옹호》[ii]의 마지막 장에서 흥분해 늘어놓는 말에 따르면, 부엌에서 신선한 음식을 요리하는 경우에 한해서만 그 음식이 "그저 사물이 아니라 수많은 생명체(예로 식물, 농부, 요리사) 사이의 관계망에 속해 있고, 그들은 서로 의존하고 있으며 궁극적으로는 모두가 땅에 뿌리를 박은 채 햇빛에 의해 영양을 제공받고 있음을 알게 된다."[7] 물론 사실상 사람은 땅에 뿌리를 내리지 않고, 그걸 증명하겠다고 돌아다니며 따질 수도 있을 것이다. 그러나 땅에 대한 존경은 특정 계보의 푸디스트 수사법에서 아주 전형적이며, 그중에서도 가장 숭고한 상태는 어룽거리는 햇빛 속에서 뿌리를 내린 채 움직이지 않는 채

i 본질을 감춘다는 비유적인 표현.
ii 우리나라에서는 《마이클 폴란의 행복한 밥상》이라는 제목으로 출간됨.

소와 닮은 것이란다. 폴 포트[캄보디아의 사회주의 혁명가이자 킬링필드의 주역]의 '흙으로 돌아가자' 운동, 혹은 소비에트 리얼리즘의 행복한 집단 농장 노동자와 마찬가지로 '흙'을 사랑하는 현대 푸디스트는 투박한 원시주의를 분명하게 드러낸다. 이 원시주의에 따르면, 먹는 것은 어머니 자연, 혹은 어쩌면 아버지 나라와 교감하는 최고의 방법이다.

흙은 그 안에서 음식을 자라게 하므로 음식의 질과 양에서 중요한 역할을 하며, 농업 과학 연구의 적절한 주제이기도 하다. 그러나 흙을 숭배하는 푸디스트는 과학만으로 만족하지 못한다. 그들의 견해에 따르면, 왜 그런지 모르겠으나 흙은 음식이 그러하듯 부분의 합보다 크다. 따라서 푸디스트는 프랑스의 와인 제조와 관련한 용어 '테루아르'에서 가져온 개념에 불가사의하게 끌리는데, '푸디'인 수디 피곳은 이 테루아르에 깊은 '존경'을 표한다.[8] 테루아르(원래는 '땅'이나 '영토'를 뜻하는 프랑스어)는 19세기 영어에서 특히 와인이나 브랜디에서 느껴지는 '흙의' 향을 묘사하는 데 사용되었다. 그 뒤로 이 단어는 생산지에서 나타나는 땅과 기후의 모든 특정한 (종종 좋다고 여겨지는) 특질을 망라하게 되었다.[9] 테루아르에 기인하는 수치화하기 어려운 맛의 가변성은 프랑스에서 와인 등급을 매기는 '원산지 통제 명칭 제도'[i]의 근간이 되는 것으로, 이 시스템에 따르면 보르도에서 실제로 생산된 경우에 한해서만 "보르도산"이라고 불릴 수 있다. 또한, 이 제도가 포도

---

i 아오쎄AOC. 아펠라시옹 도리진 콩트롤레(Appellation d'Origine Controlee)

생산을 중심으로 하는 새로운 지역이 등장하는 세태에서 프랑스 와인 제조업자를 보호하는 데 기여하는 것은 우연이 아니다. 수많은 종의 치즈와 (르와르 강 상류 지역인 르퓌앙벨레이산) 퓌 렌즈콩, 세계에서 가장 맛있는 (브레스산) 닭도 AOC 제도의 보호를 받는다. 푸디스트와 와인 애호가가 이 용어를 사용하며 은연중에 풍기는 생각은, 한 생산지의 (영혼이라고까지는 할 수 없어도) 특징이 그곳의 생산물에서 미각적으로 감지되므로 그것을 먹는 사람에게 땅과 특별히 연결된 느낌을 선사하고, 자신만의 감식안을 돋보이게 한다는 것이다. 당연히 흙은 지역마다 그 성분이 다르니 흙에서 자란 고형 식품의 맛에 어느 정도 영향을 끼칠 것이다. 그러나 과연 어느 정도까지? 에르베 디스는 다양한 지역에서 자란 같은 품종의 딸기와 같은 지역에서 자란 여러 품종의 딸기를 비교 연구했다. 연구의 결론은 이렇다. "맛에서는 생산지보다 품종이 더 중요하다."[10] 테루아르는 음식에 어느 정도 영향을 끼치지만 (어찌 안 그러랴?) 주물 숭배자들이 바라는 정도로 많은 영향을 끼치지는 않는다.

양토壤土를 사랑하는 사람들, 부식토를 경애하며 갈구하는 이들은 대체로 음식에 관한 온갖 종류의 모호한 것을 더 많이 생각하는 듯하다. 가령, 토양협회의 크레이그 샘스는 제이미 올리버의 전기 작가인 길리 스미스에게 중국 또는 인도 음식이 우리의 DNA에 "각인"되어 있으며 다른 것도 마찬가지라고 말한다. "정크푸드가 우리 DNA에 각인된 것도 알고 있다. …… 커피를 마시고 엑스터시를 복용하거나

완전히 조리한 것을 피하고
날음식 말고는 먹지 않는다 해도
당신이 먹는 것을
가공하지 않기란 어렵다.
고기 한 덩이를 굽기만 해도
화학적으로 완전히 다른 성분이 된다.
과거의 음식도 있는 그대로
완전히 '자연적'인 것은 아니었다.

쇠고기를 먹을 때마다 그것은 당신을 변화시키고 유전적 형질의 일부가 된다."[11] 잠깐만, 왜 기적의 콩, 커피가 '정크'로 간주되는지 물어봐야 할 것 같다. '정크'푸드라는 것은 애당초 있지도 않다는 생화학자 빈센트 막스의 그럴듯한 주장을 눈여겨봐야 할 것이다. "음식에 '정크'라는 딱지를 붙이는 것은 '나는 그것에 반대한다.'라고 말하는 또 하나의 방식일 뿐이다. 나쁜 식단이 (좋지 않은 혼합이나 음식의 양과 관련해) 있긴 하지만, 오염이나 변질로 인해 상한 음식을 제외하면 '나쁜 음식'이란 없다."[12] 크레이그 샘스의 정크 유전학설은 획득형질도 반드시 유전된다고 가정하는데, 애초에 허술한 라마르크 학설[i]을 난해하게 섞어 놓은 듯하다. 하지만 최근 연구는 '지방이 많고 설탕이 든' 음식을 먹은 쥐에서 나타난 뇌의 변화는 새끼에게도 전해질 수 있어 비만과 '중독에 가까운 행동'에 더 취약하게 만든다는 것을 보여 주는 것 같기도 하다.[13] 이 결과가 사람에게도 적용되는지의 여부는 여기서 중요치 않다. 주목할 것은 샘스의 이론이 놀랄 정도로 교묘하게 도덕적 협박을 한다는 점에서 수사적으로 큰 의미를 가진다는 거다. 즉, 정크푸드를 먹는 것은 당신뿐만 아니라 아직 태어나지도 않은 당신의 자식에게도 나쁜 영향을 끼쳐 허술하고 역겨울 만큼 뚱뚱한 유전체를 물려줄 수 있다고 경고한다.

---

i 진화는 개체가 생애에 얻은 것, 또는 변화한 것이 유전에 의해 보존되어 자손에게 전해지는 것으로 설명 가능하다는 생물진화와 관련된 학설로, 19세기에는 증거 부족으로 버려지다시피 했으나 최근 다시 주목받고 있다.

그러나 또 한편으로, 자연과 토양을 중시하는 푸디스트는 어떤 종류든 '가공 처리된' 음식을 경멸할 테고, 사실 늘 그래 왔다. (1930년 미국에서 이러한 발언에 관해 쓴 하비 리벤스테인[i]은 풍자적으로 이렇게 말한다. "음식의 가공을 비난하고 '자연적인 것'의 우월성을 주장하는 것은 미국의 오래된 흐름을 반영한다.")[14] 하지만 완전히 조리한 것을 피하고 날음식 말고는 먹지 않는다 해도 당신이 먹는 것을 가공하지 않기란 어렵다. 고기 한 덩이를 굽기만 해도 화학적으로 완전히 다른 성분이 된다. 과거의 음식도 있는 그대로 완전히 '자연적'인 것은 아니었다. 19세기에는 더 좋은 색을 내려고 커피에 거름을 섞고, 밀가루에 석고를 섞었다. '가공 처리'는 엄연히 이러한 위험한 것을 제거하려는 방식이었다.[15] 영국의 호비스 빵[ii]처럼 새롭게 '가공 처리한' 음식은 편리함뿐만 아니라 안전 면에서 일어난 진보를 나타내며, 불순물을 섞거나 유해한 음식이 아니라는 (왕실의 지원 시스템으로 상징되는) 신뢰성을 부여한다. 또한, '국민 요리'가 새로이 탄생하는 데 기여하기도 했다.[16]

물론, 토양협회는 "토양에 대한 존경"을 기반으로 세워진 '유기농' 농업 창립 기관 중 하나이다.[17] (오늘날 지지자들 가운데 영국 왕세자와 스팅, 귀네스 팰트로가 있는) 토양 협회가 1945년 영국 파시스트 연합의 전 회원

---

i 캐나나 온타리오 수 백마스터 내막 역사악 냉예교수로,《음식 그 두려움의 역사)라는 색으로 유명하다.

ii Hovis. 1886년 창립한 영국의 제과 브랜드 이름인 동시에, 소맥 배아를 다량 함유한 빵의 종류를 일컫는 말이기도 하다.

이자 오즈월드 모슬리[i]의 동료였던 조리언 젱크스에 의해 공동 창설되었다는 사실을 되새겨 보는 일이 혹 부당하게 느껴질지 모르겠다. 하지만 이는 땅과 음식, 신체의 건강과 순수성에 관심을 갖는 지점이 어디로 향할 수 있는지 반영하는 건 아닐까. '오르가노 파시스트'와 1940년대 영국에서 땅으로 돌아가자고 주장한 이들을 대상으로 한 분석에 따르면, "'파시즘의 시대'에 유기체설을 주장하는 농부들은 모든 생명체가 의지하는 '토양을 죽이는' 주류 농법, 특히 영국의 토양을 죽이는 농법을 비방했다. 이렇게 비옥한 토양이야말로 현재 위협받고 있는 영국인의 인종적 특징을 육성하는 근간이었기 때문이다."[18] 농업에서 '유기농'이라는 개념은 올림픽 조정 선수이자 농업 전문가인 네 번째 준남작 월터 제임스를 통해 1940년 처음 등장했는데, 그는 루돌프 슈타이너가 제창한 (헛소리라곤 차마 말 못하겠고) 난해하기 짝이 없는 '영성과학'의 추종자였다.[19] 그는 《땅을 보살펴라》라는 책을 출간해 '유기체로서의 농업'(가이아 이론의 축소판)에 관한 자신의 견해를 정리하고자 '유기농 농업'이라는 말을 만들어, 그가 '화학 농업'이라 부르는 것과 비교했다. 물론 유기농 농장에도 화학물질이 넘쳐난다. 아니, 화학물질, 그게 전부라 해도 과언이 아니다. (부엌 과학의 권위자 해럴드 맥기의 말이다. "지구상의 모든 것과 마찬가지로 음식은 다양한 화학물질의 혼합이다.")[20]

i 영국의 정치가로 네오파시스트 운동의 지도자였다.

현대의 수많은 유기농 관행이 근본적으로는 이해가 간다고 쳐 보자. 오늘날 토양 협회는 다른 사람들은 무슨 로봇 동물을 먹기라도 했다는 듯이, 자신들의 웹사이트를 통해 '유기 동물'에 관해 설파한다. 물론, 우리가 먹는 동물에 투여하는 항생제와 성장 호르몬의 양을 줄이고 편안한 환경을 제공하는 것(놓아기른다는 '개방 사육'이라는 명칭이 이런 점에서 항상 신뢰할 만하지는 않다.)은 농약과 비료의 과다한 사용으로 야기되는 오염을 줄이려는 시도처럼 좋은 생각이다. 하지만 모든 유기농 관행이 지지자들이 우리를 설득하듯 전부 다 깨끗하고 건강에 좋은 것만은 아니다. 가령 영국에서 유기농 농법 인증 제도는 "인간에게 신경독성을 일으킬 가능성이 높은" '로테논 유기 살충제'를 포함한 일부 농약의 사용을 허용하고 있다.[21] 토양 협회는 이를 옹호하며 로테논이 "천연에서 유래한" 것이라고 변명한다.[22] 백상아리, 독버섯, 흑거미의 독도 천연에서 유래한 것이지만, 그렇다고 음식에 뿌려 먹고 싶은 생각은 없다. 또, 유기농 식품이 산업용 시설에서 재배된 식품보다 더 위험할 수도 있다. 일례로, 유기농 셀러리는 살충제를 뿌린 셀러리보다 '천연' 독성 물질을 더 많이 함유하고 있다. 이유인즉슨 곤충에게 먹히지 않으려고 독성 물질을 만드는 자연선택의 압력을 살충제가 감소시키기 때문이다.[23]

'자연적인' 것이 언제나 더 좋다고 고지식하게(혹은 냉소적으로) 주장하는 것은, 자비롭다고 생각하는 자연이 우리에게 신처럼 베풀어 주는 보살핌에 경도되어 인간의 창의력과 과학이 점하는 위치를 격하

한다는 점에서 단연코 인간 혐오적이다. 따라서 이러한 주장은 격변설[i]의 생태학적 사고를 상당 부분 지배하고 있는, 인간성 혐오라는 러다이트 운동[ii]의 전반적인 분위기와 궤를 같이한다. (지구 온난화가 일어나고 있다고 해서 산업 문명을 해체해야 하는 것은 아니다. '피크 오일'[iii]이론가들이 세계의 붕괴를 예상하며 느끼는 성적인 즐거움과도 비교해 보라.) 볼리비아의 2011년 "어머니 대지의 권리에 관한 법"은 심지어 "자연"에 특정 "권리"를 부여하는 원칙을 명시한다. 예를 들면, 생명에 대한 권리, 유전자 변형에서 자유로울 권리 같은 것들이다. 물론이다. 누구도 유전적 부동浮動과 자연 도태라는 인간 외적인 힘을 거스르고 유전자 변형에서 자유로울 권리를 강제할 수는 없으며, 모든 자연이 똑같은 가치 선상에서 다뤄져야 하는 것도 아니다. 그러려면 다른 무엇보다 항생제나 모기 퇴치 방식들도 금지해야 할 게 아닌가.[24] 전 세계적으로 부활한 따뜻하고 포근한 자연을 숭배하는 분위기 속에서, 푸디스트 지식인들 가운데 거의 에르베 디스 혼자서 자연이 "당신에게 해를 가할 수 있고"("가루로 빻은 육두구 열매는 사람을 죽일 수 있다"), 따라서 요리가 그런 위험으로부터 우리를 구하는 인공적인 개입이라 주장하는 것이 신선하게 느껴진다.[25]

---

i 과거, 지구에 몇 차례 재앙이 일어나, 그때마다 살아남은 생물이 번식해 지구상에 널리 분포하게 되었다는 학설.

ii 18세기 말에서 19세기 초에 걸쳐 영국의 공장 지대에서 일어난 노동자에 의한 기계 파괴 운동인데, 그 이면에는 기계가 노동자의 노고를 더욱 증대한다는 생각이 있었다. 따라서 기계를 때려 부수는 행위는 기계를 소유한 자본가인 인간에 대한 혐오를 나타내는 하나의 변형으로 해석 가능하다.

iii peak oil. 석유 생산이 매장량 한계로 특정 시점을 정점으로 줄어든다고 하는 주장.

유기농 음식이 더 건강하다는 확정된 증거가 없기에, 유기농 식품 관련 선전을 재배포하는 슈퍼마켓과 토양 협회는 그런 주장을 철회하라는 권고를 광고표준협회로부터 주기적으로 받아 왔다.[26] 그러나 유기농 관련 홍보는 이제 동물의 복지와 환경의 '지속 가능성'에 초점을 맞추면서 유전자 변형 식품, 즉 GM 식품이 자연에 오만하게 개입하고 있다는 공포를 선전한다.

반면, 많은 과학자는 유전자 조작을 통해 더욱 강해진 다수확 농작물이야말로 증가하는 세계 인구를 먹여 살릴 수 있는 가장 좋은 방법이라 믿는다. GM 작물이나 '프랑켄푸드'[i]에 대한 반감은 개괄적이고 감정적이다. 그러다 보니 반기업적인 판에 박은 편견을 강화하려고 몬산토가 벌어들인 수십억 달러의 이익을 반복해 말한다. 하지만 제임스 E. 맥윌리엄스[미국의 역사학자]에 따르면 "홍수 저항성 쌀, 가뭄 저항성 고구마, 소금 저항성 카사바, 다수확 수수는 농경지 확대와 살충제 사용을 감소시키면서도 …… 더 많은 사람(주로 가난한 사람)을 먹여 살릴 수 있다."[27] GM 작물을 비판하는 이들은 무엇보다 "들판에서 GM 작물과 비非GM 작물 사이에 일어날 수 있는 교배로 생물다양성에 가해지는 위협"을 환기시킨다.[28] 생물 다양성은 현 시대에 가장 과장이 심한 미덕임이 분명하지만, 생물 다양성을 최대화하는 방법은 우리가 고안해 낼 수 있는 고수확 작물을 활용해 최대한 적은 땅

---

i 프랑켄슈타인과 음식을 합성한 용어로, 유전자 조작을 통해 개발된 동산물을 뜻한다. 유전자 조작에 반대하는 환경 보호론자들이 만들어 낸 용어이다.

에서 재배하는 것일지 모른다. 가이아 이론가인 제임스 러브록은 생물 다양성이 가장 높은 (열대우림 같은) 미개척지에 농업이 침범하는 것을 막기 위해 한정된 땅에서의 집약 농업을 추천해 왔다.[29] 그리고 생물 다양성조차 그 자체로 절대적 선일 수는 없다. 인간의 막대한 고통을 미연에 방지하고자 야생에서 천연두 바이러스를 박멸한 것은 고의적으로 생물 다양성을 감소시킨 것이었다. 반대로, 생물 다양성의 증가는 반드시 축하할 일일까. 만약 일부 테러리스트 성격의 생물학자들이 유전자를 조작한 흡혈 곤충과 해로운 사상균을 야생에 풀어놓는다면, 어쨌든 생물 다양성이 증가한 게 아닌가.

음식 관련해 실증적 확인이 안 된 주장을 펼칠 권리가 없는 상태에서 우연히 본 한 포스터가 유기농 홍보의 감정 자극적인 면을 어찌나 완벽하게 구현했던지, 나는 값비싼 농산물을 파는 가게인 '플래닛 오가닉'의 런던 지점 창가에서 넋을 잃고 감탄한 채 서 있었다. 포스터에는 미소를 짓고 있는 서른 중반쯤의 다소 살찐 남자가 칠장이 작업복을 입고 페인트 롤러를 든 채 차 한 잔이 놓인 테이블 옆에 앉아 있다. 그는 카메라를 보며 만족스럽게 웃고 있고, 두꺼운 검정색 펠트펜[촉이 펠트로 된 펜]으로 쓴 손 글씨가 그의 속내를 보여 준다. "내가 유기농을 좋아하는 이유는 내 가족에게 옳다고 느끼기 때문이지."

커피로 인한 DNA의 조악한 변화가 유전될 수 있다는 크레이그 샘스의 황당한 이론과 마찬가지로 이 포스터에도 나타나는 잠재적 협박을 다시 한 번 주목해 보자. 그러니까 유기농 식품을 사지 않으면, 당신 자신은 물론 당신이 사랑하는 사람들에 대한 배신이라는 거다. 이런 생각에 더해 포스터에는 셀러리 줄기나 브로콜리 값치고 터무니없이 비싸다고 여겨지는 '플래닛 오가닉'에서 장 보는 선택이 전적으로 감정에 의존해 이루어지리라는 암시가 담겨 있다. 실제로, '유기농' 식품의 터무니없는 가격은(매주 장 보는 가격을 두 배 이상 뛰게 할 수 있다),[30] 유기농을 사랑하는 광고 주인공으로 주식업자가 아니라 칠장이를 택함으로써 교묘하게 가려진다. 더 흥미로운 것은, 먼지가 덮인 테이블 위 찻잔 옆에 남자의 것으로 짐작되는 퀄런을 넣은 주머니가 있다는 거다. 이는 유기농 구매자에게서 연상되는 이미지, 건강 식품 탐욕증에 걸린 괴짜라는 고정관념을 미묘하게 반박한다. 그러니, 보라! 유기농 식품을 사려고 당신은 부자일 필요도, 잘난 체하며 건강에 좋은 것만 찾는 사람일 필요도 없다! 그저 당신 가족만 신경 쓰면 된다! 유기농 식품을 사지 않는 당신은 가족을 싫어하는 것임에 틀림없다! 고맙게도 이 포스터는 전반적으로 유기농 식품의 홍보 전략을 까발리고 있다. "생각하려고 멈추지 말라. 그냥 좋고 옳다고 '느껴지는' 것을 받아들여라." 이러한 반이성적 전략이 유기농 식품의 하락세를 뒤집는 데 도움이 될지는 두고 볼 일이다. 2011년 말 영국에서 유기농 식품의 판매는 2008년 정점인 시기에 비해 23퍼센트 떨어졌다.[31]

유기농 운동이 현재 통입 이슈에서 '녹색' 대화를 완전히 지배하고 있는지 모르겠으나, 1950년대와 60년대에는 새로운 농법, 작물 교배, 합성 비료와 농약의 발전 그 자체가 '녹색혁명'으로 명명되었다. 그리하여 특정 지역의 토지에서 생산되는 농산물의 양은 엄청나게 증가했다. 이러한 발전의 중심에 선 다수확 농업의 미국인 전문가 노먼 볼로그는 인도와 파키스탄에서 10년간 이어지던 식량 부족을 해결한 공로로 1970년 노벨 평화상을 수상했다. 오늘날 그는 불우한 이들을 대상으로 한 산업적 농업 도구를 부정하려는 서구의 생태 유기농주의자에 대해 개탄한다. "개발도상국의 불행한 상황에서 내가 50년을 살아왔듯 그들이 단 한 달만이라도 살아 본다면, 트랙터와 비료, 관개수로가 그들에게 절실히 필요하며, 고향의 부유한 엘리트들이 이를 부정하는 데 분노할 것이다."[32] 그 후로 그린피스와 다른 생태 관련 기구들의 심한 반대에도 빌 앤드 멜린다 재단은 "가뭄 저항성 작물의 연구와 생산의 재원을 마련하려고" 아프리카녹색혁명연맹에 1억 달러를 기부했다.[33]

레이첼 카슨의 《침묵의 봄》을 통해 알려진, 도를 넘어선 녹색혁명(우연히도 1960년대 후반 미국의 '유기농 붐'과 시기가 겹쳤다.)은 실제로 위험했으며 분노를 살 만했다. (이후 1970년대 중반에는 '천연' 식품을 내세우는 상업적인 어구가 유행해(천연 감자칩, 맥주, 데오도런트, 심지어 '천연 쇠고기 맛'이 나는 개사료까지[34]) 오늘날까지 이어지고 있다.) 그러나 현대 유기농주의자가 꿈꾸듯이 전 세계에 걸쳐 20세기 중반 이전처럼 생산성이 떨어지는 농업 방식으로 회귀하려면, 수십억의 사람이 대대적으로 채식주의로 전환하지 않는다 해도(그렇게 된다 해도 가축이 없다면 유기농 비료도 없을 거라고 볼로그는 지적한다.) 지구상의 많은 땅을 농업에 내주어야 할 것이다. 그리고 미국과 전 세계에 끝이 보이지 않을 정도로 끝없이 펼쳐진 '작은 농지'들을 일구어 예전의 거친 농업으로 돌아가자는 유토피아적인 전망에 관해서는(미국의 유기농 이론가인 앨리스 워터스에 따르면, 이러한 세계에서는 가난한 이들도 에어룸 순무와 양배추를 포식할 거란다.) 앤서니 보댕이 기막히게 적절한 질문을 줄기차게 제기한다. "이런 들판에서 대체 누가 농사를 지을 것인가?"[35]

시계를 거꾸로 돌리고 싶은 유기농주의자들은 업턴 싱클레어의 《정글》을 찾아보는 게 현명할 것이다. 이 책은 20세기의 잔인하고 역겨운 육류 생산 관행을 고발하는 중대한 텍스트일 뿐만 아니라, 세탁기의 발명을 (1906년에) 예언했다.[36] 맺음말에서, 박식하나 반쯤 정신이 나간 듯한 스웨덴 출신의 슐리만 박사가 이렇게 한탄한다.

오늘날 소농이 속한 고통스러운 시스템(왜소하고 초췌하며 무지한 남자는, 누렇게 뜬 얼굴에 마르고 슬픈 눈을 한 채 평생 고된 일을 하는 여자와 결혼해 새벽 네 시부터 밤 아홉 시까지 노동에 혹사당하고, 걸음마를 하자마자 일해야 하는 아이들은 원시적인 도구로 흙을 파헤친다. 그들은 온갖 지식과 희망으로부터 단절되어 있을 뿐 아니라 과학과 발명의 모든 혜택에서, 정신의 모든 즐거움으로부터 차단되어 있다.)은 진통을 겪으며 경쟁에 의해 겨우 명맥을 유지하면서도 자유롭다고 자랑하는데, 이는 자신을 묶고 있는 사슬을 보지 못할 만큼 눈이 멀어서이다![37]

독자가 이 같은 연민과 경멸이 섞인 신랄한 발언을 얼마나 심각하게 받아들일지 알기 어려우나, 슐리만이 20세기 초 악몽으로 묘사했던 상황을 오늘날 생태 친화적인 푸디스트들이 21세기를 위한 이상향으로 제시하는 것은 참으로 역사적 아이러니라 하겠다.

유기체설은 그 자체로 "행성 친화적"(토양 협회 웹사이트에서 가져온 용어)이라며 그것만이 단 하나의 진정한 "지속 가능한" 농업의 형태라 주장한다. 그러나 '지속 가능하다'라는 말이 중대한 질문들을 가리는 경우가 흔히 있다. 즉, 누구를 위해, 무엇을 위해 지속 가능하다는 건지, 그리고 증거를 기반으로 지속 가능하다는 건지, 아니면 감정에 치우친 종말론적 추측을 바탕으로 지속 가능하다는 건가? 동료 인간과의 연대보다 우주를 도는 거대한 암석 덩어리와 맺는 무조건적인 '우정'에 더 가치를 두다니, 윤리적 우선사항치고는 좀 희한하다. 하지만 유기농주의자들은 오랫동안 은연중에 그러한 선택을 해 왔다. 가령, 1969년에 출간된 에코-히피-테크eco-hippy-tech의 전설적인 경전이라 할 말한 《지구 백과》의 한 글에서는 다음과 같은 신조가 나온다. "나는 유기농 채소 재배 농부들이 집단적이고 중도적이며 대단히 산업적인 채소 재배 방식에서 지구와 더 단순하고 진실한 일대일 관계를 지향하는 쪽으로 인류의 방향을 변화시켜서 세계를 구하는 진지한 노력의 선봉에 서 있다고 믿는다."[38] 이것으로 그들의 생각은 충분히 분명해진다. "집단적"인 것은 됐고, 다른 이들도 다 필요 없다는 것. 오로지 "지구와 맺는 관계"를 통해 개인적으로 기분이 좋아진다는 건데,

그야말로 둘만의 반사회적인 유아론[i]으로, 한쪽은 심지어 의식이 있는 존재도 아니다. 유기농 절대론을 전파하는 푸디스트는 한마디로 수많은 익명의 타인이 그를 대신해 등골 빠지는 노동으로 돌아가길 원하는 거다. 그저 자기들은 행성과 친밀한 소통을 하게 돼서 기분이 좋아진다는 이유만으로.

---

i 실재하는 것은 자아뿐이고 다른 모든 것은 자아의 관념이거나 현상에 지나지 않는다는 입장.

미식의
이상향

10

You Aren't
What You Eat

유기농 식품에 대한 몰두는 쾌락적 폭식을 겨냥한 비난으로부터 스스로를 보호하기 위한 현대 푸디스트의 가장 야심찬 방식을 보여 주는 사례일 뿐이다. 먹을 것에 대한 푸디스트의 병적인 집착이 단순한 방종이 아니라 세상을 더 나은 곳으로 변화하는 방식이라 주장하는 것이다. 올바른 음식을 선택하는 것이 윤리적인 행위라는 것. 따라서 식사 준비를 위해 장을 보는 것은 한 개인의 도덕적 우월함을 행사하는 것이다. 마이클 폴란은 감탄조로 말한다. "'당신의 견해를 먹어라!'는 오늘날 유럽에서 종종 눈에 띄는 범퍼 스티커이다."[1] 2006년 "접시의 정치학"에 대한 주류의 관심을 처음 촉발한 것이 바로 그의 책《잡식동물의 딜레마》이다.[2] 《여덟 명의 요리사가 내 삶을 어떻게 구원했나》(정말?)의 저자에 따르면, 올바른 푸디스트 방식으로 먹는 것은 오늘날에도 "우리가 행할 수 있는 가장 정치적인 행동"이어야 한다.[3]

　최근 몇 년간 음식과 관련한 가장 뜨거운 주제인 '로컬푸드' 먹기 '트렌드'나 '스타일',[4] 다시 말해 오로지 현지에서 생산된 것만 먹자는

'로커보리즘'을 예로 들어 보자. 로커보어[i]들은 어디까지 '로컬'로 여길지 의견 일치를 못 보고 있다. 어떤 이들은 먹는 곳에서 반경 100마일[161킬로미터] 안에서 자란 음식을 고수하고('100마일러'), 반면 다른 이들에게는 런던의 체인 레스토랑인 '캔틴'[canteen. 구내식당]과 마찬가지로 '그 나라 원산지' 음식이면 된다. 덴마크의 '세계에서 가장 훌륭한 레스토랑'인 '노마'의 요리사 르네 레드제피는 로컬리즘으로 잘 알려진 운동가이지만, 그에게 '로컬'이 뜻하는 범위는 스칸디나비아 민족의 음식 전체를 아우른다. 다시 말해, 그는 "스웨덴, 노르웨이, 아이슬란드, (그린란드와 페로 제도를 포함한) 덴마크와 핀란드의 식재료만을 사용한다."[5] (반면, 헤스턴 블루먼솔이 이끄는 과학적 요리사 그룹은 해럴드 맥기가《팻덕 요리책》서문에서 감탄하며 설명하듯이, 로컬리즘에 반기를 든다. "이제 요리사들은 지구 반대편의 희귀한 향신료와 스낵푸드 업계에서 출시된 질감 증진제에 관해 인터넷을 통해 읽고, 며칠 내로 그것들을 모두 자신의 스토브 위에 올려놓을 수 있다.")[6]

로컬푸드를 먹는다는 게 정말 무엇을 뜻하든 간에, 수많은 추종자는 그것이 긴급히 필요하다고 주장한다. 환경 운동가인 데이비드 스즈키는 이렇게 말한다. "로컬푸드를 먹는 것은 그저 일시적인 유행이 아니다(우리 자신뿐만 아니라 지구를 구하는 가장 중요한 방법 중 하나이다)."[7] 그가 과장이 심한 국외자라고는 볼 수 없다. 그러나 흔히 있는 일이지만 지구를 구하는 소명에는 그 위에서 현재 살아가고자 분투하는 수많은

---

i locavore. 지역을 뜻하는 로컬(local)과 '먹다'를 뜻하는 라틴어 보어(vore)의 합성어로, 자기가 사는 지역에서 가까운 거리에서 재배·사육된 로컬푸드(local food)를 즐기는 사람들을 뜻한다.

불우한 이들의 희생이 따른다. 문제는 로커보어들이 고객을 절실히 필요로 하는 이들, 즉 개발도상국이나 제3세계의 가난한 농민들로부터 먹거리를 구매하길 거부하고 있다는 것이다. 철학자 피터 싱어와 공동저자인 짐 메이슨은 셈을 해 보더니 이렇게 주장한다. "콩을 사기 위한 1달러가 있다. 현지에서 생산된 콩을 농산물 직판장에서 사는 것과 케냐의 가난한 농민이 재배한 콩을 사는 것 사이에서 선택할 수 있다면 (현지 농부는 1달러 전체를 다 가질 수 있고 케냐의 농부는 1달러 중 겨우 2센트만 갖는다 할지라도) 케냐의 콩을 구매함으로써 빈곤을 줄이는 데 더 기여한다."[8] 전 지구적인 관점에서 보자면, 로커보리즘이란 부유층이 먹거리는 물론 돈까지 자신들의 좁은 파벌 안에서만 순환하려고 만든 자기애적 사이비 도덕주의 클럽 같다.

로커보리즘의 또 다른 문제는 유기농이라는 신농업의 환상과 마찬가지로 어디에서나 같은 기준으로 적용되지 않는다는 것이다. 일부 로커보어는 유기농 광신도와 전면적 생태계 보호론자처럼 이미 세상은 인구 과잉이라고 생각하기에 모두가 다 먹을 수 있기를 원하지 않는 듯이 보인다. 그들은 틀림없이 문명 혐오자이며, 인간을 싫어하는 전원생활주의자이다. 마이클 폴란은 농부 조엘 샐러틴과 나눈 이야기를 전한다. "뉴욕 시 같은 곳이라면 로컬푸드 경제에 대한 그의 비전을 어떤 식으로 적용해야 할지 묻자 그는 '어째서 뉴욕 시 같은 데를 염두에 두어야 합니까? 무슨 소용이 있다고요?'라고 답했다."[9] 다 들어맞을 수는 없다는 거다. 언론인이자 한때 로커보어였던 제임스 E.

맥윌리엄스는 조사 끝에 '로컬푸드 먹기' 운동을 일반화할 수 없다는 결론을 내린다.[10] 간단한 이유를 하나 들자면, 많은 나라가 자급자족할 작물을 키우는 데 필요한 물을 충분히 확보하지 못하기 때문이다. 따라서 작물의 국제거래는 '가상수'[i]를 재분배해 좀 더 균등하게 분포하도록 하는 효율적인 방식이다.[11]

또한, 로커보리즘은 지구 온난화에 대한 대응방식으로 여겨지는데, 이유인즉슨 푸디스트의 식도에 들어가기까지 먼 거리를 이동하지 않아도 되는 음식은 운송 수단으로 인한 이산화탄소 배출량이 적기 때문이다. 그러나 이야기하자면 복잡하다. 영국 본토로의 음식 수송뿐만 아니라 본토 내 수송은 전체 배출량 중 불과 2.3퍼센트에 지나지 않는데,[12] 로커보리즘은 실제 탄소발자국의 증가로 이어질 수 있다. 난방을 땐 온실에서 자라서 제철이 아닌 때 영국인이 먹는 영국산 토마토는 스페인에서 수입된 토마토보다 이산화탄소 배출량이 세 배나 높다.[13] 생산 전 과정의 배출량을 감안하면 영국 소비자가 "풀을 먹고 자란 뉴질랜드의 양을 배로 수입해 오는 것이 영국 현지에서 곡물 사료를 먹고 자란 양보다 네 배 더 에너지 효율적이다."[14]

이렇다면 로컬푸드를 먹는 게 오히려 세계에서 가장 가난한 농민에게 해가 되고, 전 세계를 먹이지 못할 뿐 아니라 지구 온난화를 악화시키는 것이다. 이런 상황에서 왜 고집하려는 걸까? 로커보리즘의 가

---

i virtual water. 어떤 제품을 생산하는 데 실제로 사용되거나 사용되었을 물의 양.

장 큰 이유는 마이클 폴란이 밝히듯 감정적인 것이다. "당신이 속한 공동체나 나라에서 자급자족한다는 사실을 아는 데서 오는 안정감, 농촌 풍경의 아름다움, 농민이 공동체에 선사하는 전망과 현지 지식, 슈퍼마켓보다는 당신이 아는 농부에게서 음식을 샀다는 만족감을 생각해 본다."[15] 폴란은 저런 만족스럽고 아름다운 것들을 생각하지만, 그것 중 어느 것도 윤리적 관행으로 여겨질 만한 강력한 윤리적 이유에 해당하지는 않는다.

로커보리즘에 관한 논의 중 가장 압권은, 자신이 먹는 농산물을 재배한 농민을 알게 됨으로써 감탄스럽게도 소외된 도시 풍경에 '공동체' 정신을 복원하는 거란다. 이는 참으로 역사적 아이러니가 아닐 수 없다. 졸라와 발자크의 소설 주제는 (배타적인 로컬푸드 식단을 포함해) 현지에만 국한된 편협한 지평을 넘어서는 것이었는데, 오늘날 로컬과 관련된 것들은 모두가 돌아가고자 꿈꾸는 유토피아적인 '마을', 사회적 안식처의 마지막 장소로 여겨진다. 이 지점에서 세계 시민주의라는 위대한 꿈은 죽는다. 마찬가지로 로커보리즘은 (꽤 당연하게도) 국제 무역의 해악으로 인식된 것들에 맞서는 상징적인 반대 운동으로 간주되고, 기존 시스템을 저주함으로써 전율 비슷한 것을 느끼게 한다. 그리하여 버몬트의 두 치즈 제조업자는 치즈를 만드는 일이 "세계화에 대한 그들의 개인적 대응 방식"이라 말한다.[16] 음식을 정치적으로 이용하기 시작한 역사는 적어도 1950년대로 거슬러 가는데, 당시 미국은 '식량 원조' 계획의 이름을 "평화를 위한 식량" 계획으로 바꿨다.[17]

흔히 있는 일이지만
지구를 구하는 소명에는
그 위에서 현재 살아가고자
분투하는 수많은 불우한
이들의 희생이 따른다.

팻 베네타는 이런 식의 노랫말을 불렀다. "치즈를 무기로 사용하는 걸 멈춰라." (필자가 썼듯이 알렉스 제임스는 틀림없이 AK-47[i] 모양의 치즈를 만드느라 열을 올리고 있을 것이다.)

스스로 로커보어라 선언한 이들조차 엄격하게 100마일 반경 계획을 지키기는 쉽지 않다. 설탕과 커피, 밀, 초콜릿을 포기해도 어림없는 일이다. 참으로 인상적인 결단력으로 1년 동안 엄격하게 로컬푸드 식단을 따르며 그에 대한 책《플렌티Plenty》를 집필한 캐나다 작가들 얼리사 스미스와 J. B. 매키넌에게도 쉬운 일이 아니었다. 더 흔하게 일어나는 일은 일종의 유행으로서 거짓 로컬리즘을 내세우는 것이다.《뉴욕 타임스》의 스타일 증보판에 눈에 띄는 컬러판으로 두 쪽에 걸쳐 소개된 맨해튼의 커플 기사가 바로 그런 거짓 로컬리즘의 사례라 하겠다. "이 커플은 이웃한 근처에서 물건을 산다는 의미에서 로커보어다. 그들은 염소젖으로 만든 체다와 솔 그란 퀘소 같은 치즈는 '머레이 치즈 전문점'에서 구매하고, 파스타는 '라페토'에서 구매하며, 돼지 안심 같은 고기류는 '파이코'로 사러 간다."[18] 이는 로커보어가 단지 현지의 고급 전문점에서 음식을 사는 이들을 뜻한다는 거고, 그렇다면 그 의미가 축소되었음을 인정하는 게 아닌가.

로커보리즘이든 유기농주의자든, 세계를 변화시키는 푸디즘의 다른 유파이든 음식 윤리와 관련한 더 심각한 문제는 그것이 소위 윤리

i 1947년에 구소련의 주력 돌격 소총으로 제식 채용된 자동 소총.

적 소비라는 것(혹은 싱어와 메이슨이 양심적 소비라 일컫는 것)과 맥락을 같이 한다는 점이다. 즉, 어떤 종류의 상품을 살지 선택하는 것이 사회를 개선하는 데 도움이 된다고 생각한다는 것인데, 이는 사실 퇴폐적 개인주의다. 다시 말해, 과거 공공사업의 사례처럼 윤리적 문제가 시장의 힘에 의해 사유화되고 타협을 보고 있다. 사회학자인 호세 존스턴과 샤이언 바우만은 예리한 시각으로 이렇게 기술한다. "시장이 (학식이 있고 현명한 소비자의 선택이라는 형태로) 시장 실패의 해결책으로 제시되고 있다."[19]

요점인즉슨, 식사에 오른 음식이 고통을 당했는지, 혹은 중국인 노동자가 아이패드를 만들다가 얼마나 많이 죽었는지 신경 쓰지 말자는 게 아니라, 다른 방식의 구매만으로는 해답이 될 수 없다는 것이다. 하지만 자기만족에 빠진 윤리적 소비자에게 성가시기만 한 이성적인 사고는 회피의 대상이고, 오히려 윤리적으로 포장돼 위안을 주는 쾌락주의에 마음이 기운다. 이는 이미 1971년 프랜시스 무어 라페의 《작은 행성을 위한 식사》에서 에코-히피-채식주의 선언을 통해 인정된 바 있다. "내게 매력적인 것은 내 이성보다는 내 느낌 쪽이다. …… 식습관은 하나의 의미를 지닐 수 있는데, 그 의미란 추상적인 윤리보다 더 자신에게 가깝게 느껴지는 것이고, 또한 자신에게 즐거움을 주는 것이다."[20] 세계 식량 경제의 불공평에 대해 진심으로 무언가 하고 싶은 사람들은 "늬기리 정이"라는 포괄적인 명칭 아래 보조금, 관세, 그 밖의 국제 무역과 관련한 "불평등한" 점들을 변화시키는 캠페인을 벌이고자 NGO를 설립하거나 지지한다.[21] 개개인이 무얼 먹을지 선택하는 것만으로는 올바른 방향의 변화를 이끌어 낼 수 없다. 그런데 윤리적 소비는 집단행동과 관련한 문제에 대해 정부가 나서는 방식을 포기한다. 개인의 도덕적 정의라는 훈훈한 허울을 제외하면 그 자리에 아무런 대안도 제시하지 못하는 것이다. 노동력 착취를 거부하는 '스웻샵 프리sweatshop-free'의류 라벨과 마찬가지로 윤리적 미덕은 그 자체로 상품화되고 있다.[22]

푸디스트의 가치는 늘 변화한다. 이 점에 관해 의욕에 불타는 친프랑스 성향의 순문학 연구가 애덤 고프닉은 이렇게 밝힌다. "일례로, 100년 전에는 자신이 지식을 갖고 현명하게 먹는 사람이라는 걸 보여 주는 한 가지 방식이 제철 음식이 아닌 걸 먹는 것이었다. 12월에 딸기를 먹음으로써 딸기를 구할 수 있는 능력을 과시했다. 이제는 같은 종류의 지식을 갖고 현명하게 먹는 사람 혹은 그렇다고 믿는 사람은 오로지 제철 음식만, 그것도 전적으로 신선하고 현지에서 생산된 것만 먹는다. …… 이런 식의 유행은 매번 돌고 돈다."[23] 현대의 '윤리적' 푸디즘이 제시하는 주먹구구식 묘책들은 과거의 가치를 너무나 대놓고 뒤집는 것이어서 논의조차 이루어지지 않는다. 오히려 그 가치가 한때 아무리 진지하게 받아들여졌어도 현재 유행하는 관심사에 따라 중요도가 달라진다. 이렇게 변화하는 주기의 또 다른 사례는 최신 유행하고 있는 로커보리즘의 하위 트렌드 '수렵·채집foraging', 즉 숲의 바닥이나 해변에 아무렇게나 널려 있는 것을 채집해 먹는 것이다. 한때는 엄밀히 말해 별다른 선택의 여지가 없던 빈민층의 생활 방식이었지만, 2011년, 《가스트로노미카Gastronomica》 잡지의 사설은 특별히 이렇게 언급했다. "어느덧 지난 1년 사이에, 참으로 진정한 음식으로 여겨지려면 모름지기 손으로 직접 채집한 것이어야 한다."[24] 페이스북 설립자 마크 저커버그는 "올해에 자신이 죽인 것만 먹었다."라고 어디에선가 보도했다.[25] (실리콘 밸리의 최신 신생 기업에 관한 테크놀로지 기사 속에 살짝 끼어 있던 이런 구미가 당기는 흥밋거리 정보 제공자는 저커버그가 자신이 먹는 동물 외에 양상추나 감자도 직접 죽이는지는 언급하지 않았다.)

수렵·채집은 또한 로컬리즘을 표방하는 레스토랑인 '노마'의 요리사, 바로 르네 레드제피에 의해 미덕으로 선전되고 있는데, 그는 이 주제와 관련해 《뉴요커》에 에세이를 쓰기도 했다. 제인 크레이머 기자에 따르면, "지난 몇 년간 수렵·채집이 대단히 유행해 One eater.com의 한 블로거는 이를 두고 '나는 르네 레드제피와 함께 채집했다.'라는 글이 판을 치는 시대라 칭할 정도였다."[26] 그런데 크레이머 또한 그 뒤를 이어받아 태연하게 "나는 르네 레드제피와 함께 채집했다."류의 기사를 쓴다. 그녀는 레드제피와 만나기 전, 과거만 해도 "채집을 통해 구한 음식은 가난의 표시"였다고 밝힌다.[27] 그러나 그녀가 처음 목격한, 오늘날 수렵·채집으로 간주되는 음식들은 과거와는 달리 부유층의 취미 정도로 보인다. 그녀가 "뉴욕에 돌아와 있는" 동안 여름을 함께 보내는 미국인 이웃들은 짜증스럽게도 그녀의 송로버섯을 게걸스럽게 먹는 "송로 채취용 개"들을 키운다. 그녀는

"방대한" 정원이 있는 "옥스퍼드셔 농가"에 사는 몇몇 푸디스트와 함께 채집을 하러 나선다. 반면, 남편(참 마음에 드는 우연의 일치인데, 《공식 푸디 안내서》의 공동 저자 중 한 명)에게는 "지하 저장고에서 클라레[i]를 가져오고, 예측할 수 없는 아가[ii] 오븐에서 불을 조심조심 피우라는 임무"가 주어진다.[28] 이보다 마음에 드는 일이 어디 있으랴? (사전 편집 역사의 흥미로운 전개 과정을 살펴보면, 1593년에 'forage'라는 단어는 "야수처럼 물리도록 실컷 먹는" 걸 뜻했다.)[29]

크레이머는 마침내 독자에게 레드제피를 소개하는데, 놀랍게도 그가 "햄릿 이래로 가장 유명한 덴마크인"이란다.[30] 이렇게 생각하는 사람은 단일문화주의적인 음식 마니아뿐일 텐데, 내 보기엔 영화감독 라스 폰 트리에, 모델 헬레나 크리스텐슨, 가수 워필드, 소설가 피터 회, 물리학자 닐스 보어, 철학자 쇠렌 키르케고르가 훨씬 더 유명하다. 레드제피는 페란 아드리아의 '엘 불리'와 토머스 켈러의 '프렌치 런드리'에서 채집 기술을 배운 뒤 자신이 사는 지역의 야생 먹거리를 연구하는 '북유럽 음식 실험실'을 설립했다. 그는 크레이머에게 이렇게 말한다. 수렵·채집을 통해 "나는 바다와 땅에 연결되어 있고, 이제 바다와 땅은 없어서는 안 될 내 일부이다. 나는 음식을 통해 세계를 경험한다."[31] (지나가던 사람이 다 궁금해할 일이다. 이 말인즉슨, 헌식적인 푸디스트의 다른 감각들은 이유야 어쨌든 터무니없을 만큼 커져 버린 미각 기관 때문에 약해졌다

i claret. 프랑스 보르도산 적포도주.
ii Aga. 쇠로 만든 영국산 레인지 겸 히터의 상표명.

는 게 아닌가. 즉, 운이 좋게도 우리들 대부분은 시각, 청각, 촉각으로 세상을 경험하는
데 반해 푸디스트는 몸집만 거대한 아기처럼 오로지 세상을 입에 넣음으로써 경험한다
는 거다.) 개인적인 의견을 말하자면, 수렵·채집에서 보람을 느낄 수야
있겠지만 현재 레드제피의 레스토랑 운영은 대부분 현지 재료를 공급
받을 때 '전문적인 수렵·채집인' 집단에 의존하고 있다. 이는 경외할
만한 채집 생활자의 영웅다운 에머슨적인 이미지[i]를 깎아내린다.[32]

물론, 우리 시대의 진짜 수렵·채집은 슈퍼마켓 쓰레기통을 뒤지는
이들에 의해 일어난다. 대형 체인점에서 매일 버리는, 완벽하게 먹을
수 있는 음식을 자유로이 활용하니 말이다. 단, 먹지 못하게 하려고 버
리기 전에 포장을 완전히 뜯어 놓거나 염료에 담가 놓아 일부러 음식을
망쳐 놓는 터무니없는 짓을 하지 않을 경우에 한한다.[33] 흥미롭게도 이
런 종류의 음식을 찾는 행위는 일반적으로 수렵·채집이 아니라 '쓰레
기통 뒤지기' 또는 '프리거니즘freeganism'[ii]으로 알려져 있다. 《뉴요커》
가 크게 다뤘던 푸디스트 수렵·채집의 핵심은 사실, 뜻이 맞는 친구끼
리 모여 자연과 심미적으로 교감하는 유쾌한 방식이며, 그 끝에는 미식
이 기다리고 있다. 다시 말해 수렵·채집은 푸디스트에게 골프나 다름
없는 것이다.

---

i 19세기 미국의 유명한 초월주의 철학자 랄프 왈도 에머슨의 자연 생활을 가리키는 듯하다.
ii freegan은 free와 vegan(채식주의자)의 합성어로, 식품을 사지 않고 레스토랑, 식료품점, 상점
　등에서 버려진 음식만을 먹는 사람을 가리킨다.

대탈출

11

You Aren't
What You Eat

수렵·채집이 일상을 탈피해 먹거리를 품은 친근하고 풍요로운 자연으로 떠나는 도피성 당일치기 여행이라면, 음식은 우리가 오락거리에 부여하는 의미에서 현실 도피라 하겠다. 음식은 따분하기 짝이 없는 물리적 환경이나 현재의 순간으로부터 정신적인 도피를 가능케 한다. 먼 역사 속, 혹은 유년 시절 속으로 말이다. 20세기에 중국 철학을 미국에 알린 임어당 [《생활의 발견》으로 잘 알려진 작가]은 이렇게 말한다. "유년 시절에 먹었던 좋은 음식에 대한 사랑이 아니라면, 무엇이 애국심이겠는가?"[1] 오늘날 수많은 유명 요리사가 어린 시절 먹었던 것에서 영감을 얻어 편안한 환상 속에서 고객들을 어른다. 헤스턴 블루먼솔은 이렇게 말한다. "노스탤지어는 종종 '팻덕'의 요리법을 새로 개발할 때 영향을 준다(그중에서도 테이스팅 메뉴로 '셔벗 댑sherbet dab'과 '코코넛 배키coconut baccy'를 선보이고 있다)."[2] 또한, 2011년 영국의 '팟 누들' 브랜드는 '구르메'라는 이름을 덧붙여 '건강한 팟츠Wholesome Pots'라는 컵라면 제품을 새롭게 출시했다. 그 배경과 전략을 살펴보면, 건강에 신경 쓰는 푸디스트들이 학창 시절에 먹던 음식의 추억에 호소하는 부분이 있다. 예전 팟 누들은 '닭고기' 맛처럼 간단하게 나왔지만("팟 누들의 모든 맛은 채식주의자에게 100퍼센트 적합하기에" 그 닭고기 맛 컵라면에는 사실 진짜 닭고기가 들어간 게 아니란 사실을 알고 경악했다.)[3] '푸드 닥터'가 개발한 곡물과 콩으로 된 '건강한 팟츠' 제품군에는 '쪘다 말린 밀과 퀴노아, 토마토' '검정 올리브와 바질' '아스파라거스와 리크, 박하' '토마토, 빨간 피망, 쿠민을 곁들인 쿠스쿠스와 렌틸콩'처럼 다양한 맛이 있다.[4] 이런 면에서, 소비자는 냉동 건조된 음식이 든 플라스틱 컵에 뜨거운 물을 부으며 '음식'을 만드는 향수에 기분 좋게 젖을 수 있다.

2011년 후반, 시카고의 '넥스트'에서 그랜드 애커츠와 데이브 베런은 푸디스트들을 황홀경에 빠뜨린 10코스 '유년기 메뉴'를 선보였다. 이 메뉴에는 푸디스트에게 빼놓을 수 없는 것들이 다 들어 있다. 가령, 최신 유행을 따르는 푸디스트가 반어적으로 쓰는 따옴표(치킨 '누들' 수프에는 실제로 누들, 즉 면이 들어 있지 않다), 푸디스트의 취향에 맞게 개발한 서빙 방식(어떤 코스의 경우, 미국 드라마 〈전격 Z 작전〉과 영화 〈그렘린〉의 캐릭터를 넣은 1980년대 '빈티지' 플라스틱 도시락 통에 음식을 낸다), 신미래파의 다감각 경험('캠프파이어'라는 코스는 실제로 테이블 위에 불을 갖다 놓는다.)이 그러하다. 이 메뉴의 콘셉트는 권위주의적으로 이렇게 말하는 것 같다. 이 음식을 먹는 동안 당신은 유년기의 추억을 떠올리게 되리라.[5] 마르셀 프루스트의 마들렌은 무미건조한 유아기로 회귀하도록 이끈 게 아니었다. 오히려 위대한 소설을 쓰려고 코르크로 방음한 방에서 몇 년간 맹렬하게 집중하도록 하였다는 사실에 주목해야 할 것이다. 하지만 '넥스트'의 유년기 메뉴는 '에스코트'를 받으며 호텔로 돌아가 기저귀를 찰 법한 부유한 사업가를 위한 이상적인 미식의 전주곡이리라.

푸디스트의 노스탤지어가 굳이 자신만의 특별한 유년기에 머물 필요는 없다. 《지중해 음식에 관한 책》의 중판 서문에서 엘리자베스 데이비드는 1950년 그 책을 처음 출간했을 당시 "요리에 필요한 거의 대부분의 주재료가 배급받아야 하거나 구할 수 없는 것"이었다고 인정한다. 따라서 그 책의 독자는 책에 나온 대로 요리할 수 없었다. 그럼에도 불구하고 요리법에 대해 "공상하고, 줄을 서야 하는 따분한 일로부터 도피하고 …… 와인과 올리브유, 달걀, 버터, 크림으로 요리한 실제 음식에 대해 읽는 것만으로도 독자들을 고무시켰다."라고 그녀는 쓰고 있다.[6] 음식 재료의 이름이 갖는 주술적인 힘은 가스트로포르노라는 조어가 나타나기도 전에 그 지위를 얻게 된 게 분명하다. 한편, 이블린 워[20세기 영국을 대표하는 풍자 작가]는 "전쟁 당시 소설을 쓰며 실제 먹었던 음식들로부터 스스로를 위로하고자" 《다시 찾은 브라이즈헤드》에 미식을 즐기는 호화로운 장면을 넣어 흥미를 돋웠다고 한다.[7]

푸디스트 도피주의는 시간뿐만 아니라 공간과 관련한 정신적인 여행이 될 수도 있다. 글로 기록한 푸디즘은 기행 문학으로 기능하는 경우가 많다(대놓고 드러내진 않아도 《먹고 기도하고 사랑하라》와 앤서니 보뎅의 《요리

소비자는 냉동 건조된
음식이 든 플라스틱 컵에
뜨거운 물을 부으며
'음식'을 만드는 향수에
기분 좋게 젖을 수 있다.

사의 여행》이 그런 경우이다). '알리니아'의 테이스팅 메뉴는 실제로 '투어'
라 부른다(좋은 가죽을 씌운 의자를 떠날 일 없이 이국적인 여행을 할 수 있으니 특히
몸이 불어난 대식가들에겐 얼마나 편안하겠는가). 또한, 호주에서 손꼽히는 고
급 푸디스트 간행물의 이름도 《미식가 여행자》이다. 2008년 푸드 매
거진 《맛》에 따르면, "가스트로 관광업은 여행업계에서 가장 빠르게
성장하는 분야이다."[8] 점점 더 많은 사람이 위장의 지시에 따라 여행
하고 돌아와 먹은 것에 대해서만 말한다. (휴가를 간 묘령의 젊은 푸디스트들
이 하나씩 살해되는 내용의 공포 영화가 나올지 모르니 주목할 것. 제목 하여 "나는 네가
지난 여름에 먹은 것에 관심 없다.")

　포식을 목적으로 먼 곳까지 여행을 감행하는 것은, 《학자의 연회》
의 저자 아테나이오스가 어느 고대 푸디스트 저자의 연구 전략을 다
음과 같이 의심의 눈으로 본 이후부터 줄곧 상류층이 누리는 모험이
었다. "하지만 내게 아르케스트라토스[고대 그리스의 시인이자 미식개는 화려
한 것에 너무 몰두한 나머지, 엄청난 노력을 기울여 모든 나라와 모
든 바다를 여행하며 자신의 위장과 관련 있는 것이면 뭐든 아주 신중
하게 찾아내길 바라는 사람처럼 보인다."[9] 안타깝게도 아르케스트라
토스는 따분한 유형의 청교도적인 푸디스트로서 독자에게 이렇게 경
고한다. "먹지는 않고 개구리처럼 마시기만 하는 시라쿠사이 출신과
는 담을 쌓고 살아라."(시라쿠사이 출신은 재미있는 사람들이었을 것 같다. 안 그
런가?) 뉴넘 데이비스 중령의 1903년 《미식가의 유럽 가이드》(앨저넌 배
스터드와 공저)는 더 친절해서 아침 식사에 베르무트[i], 게살, 송로, 치즈,

발폴리첼라 레드와인 한 병에 친구를 위한 샴페인 한 잔과 그의 배우자를 위한 알케르메스[ii] 한 잔을 포함하면 좋다고 추천한다. 저자들은 독자에게 다시 한 번 이렇게 확인시킨다. "당신이 모름지기 아침 식사란 어때야 하는지 알고 있다고 호텔 지배인이 알게 되면 그 즉시 당신에게 관심을 보일 것이다."[10] 언젠가 나는 이 부분을 읽고서 꼭 이렇게 아침을 먹어 보겠다고 자신에게 약속한 바 있다.

음식은 상상 속으로의 여행이 아닐지라도 위로를, 특히 경제적으로 궁핍한 시기에 위로를 준다. 다른 모든 상황이 예측할 수 없이 돌아갈 때, 음식은 기댈 만한 위안물이다. 리처드 고드윈 기자는 삼십 대 친구 중 상당수가 아파트를 살 경제적 여유가 없고, 아이를 가지는 시기도 미루고 있다는 사실에 주목했다. 대신 그들은 페이스북에 자신이 먹은 음식 사진을 올린다. 그는 이렇게 결론짓는다. "관대하게 보자면, 음식을 통해 다른 곳에서 부족한 위로를 받으려는 게 아닐까."[11] 지난 10년간 영국은 두 개의 거품을 겪었다. 하나는 부동산 시장, 다른 하나는 음식에서였다. 음식에 대한 몰두가 여전할 뿐만 아니라 아직 꺼지지 않은 것은, 부동산 시장의 호기를 놓친 데 대한 보상심리가 아닐까.

그 무렵 두 명의 스타 요리사는 안도감으로 작용하는 이러한 푸디즘을 차세대 하위 시장으로 보고 개발해야겠다고 나선 게 분명하다.

---

i Vermouth. 포도주에 향료를 넣어 우려 만든 술.
ii Alkermes. 이탈리아산의 거무스름한 적색의 리큐어.

2011년 후반, 가정 요리에 관한 책을 출간한 것이다. 그들 모두 엉뚱할 정도로 기교를 부리고, 자신의 레스토랑에서 최고로 비싼 분자 요리를 파는 것으로 대단히 유명한 이들이다. 집에서 먹는 것이, 1930년대 불황기와 1990년대 초반에 그랬듯이 새로운 형태의 외식이 된 것이다. 당시 "가정 요리는(오늘날에는 '컴포트 푸드'[i]라 불린다.) 가장 중요한 자리를 차지하였고" 기본적인 음식에 관한 요리책이 그에 앞서 붐을 일으켰다.[12] 2011년에 출간된 이런 포맷의 책들은 기본적인 음식을 다루면서도 아방가르드 요리사의 화려한 전문 지식을 곁들여 플라스틱 폭탄이나 소형 원자로 없이도 각자의 부엌에서 요리할 수 있다고 약속한다. 《헤스턴 블루먼솔의 가정식》에는 '스카치 에그'[ii] '양파 수프' '셰퍼드 파이'[iii] 요리법뿐만 아니라 '다시마에 절인 광어'나 '큰 뿌리 셀러리 퓌레를 곁들인 쇠꼬리 고기 경단'처럼 기교가 필요한 음식도 담겨 있다. 헤스턴은 헤스턴인지라 가정에서 요리하는 독자에게 적어도 디지털 온도계, 거품기, (말할 것도 없이) 토치에는 투자하라는 조언을 빠뜨리지 않는다.[13] 전통적인 방식대로 요리 사진을 순서대로 실은 페란 아드리아의 《가족 식사》[iv]에는 치즈 버거와 감자 샐러드 요리법이 포함되어 있는데, 13년 전 출간된 딜리아 스미스의 《요리하는 법》과 마찬가지로 독자에게 달걀 삶는 법까지 알려 준다. (이 책에 대해

---

i comfort food. 그리운 옛 맛을 생각나게 하여 위로가 되는 음식.
ii Scotch Eggs. 저민 고기 등으로 싸서 튀긴 달걀.
iii Shepherd's Pie. 으깬 감자 안에 다진 고기를 넣어 만든 파이.
iv family meal. 식당에서 영업 시간 전에 직원들이 먹는 식사를 가리키기도 한다.

최근에 나온
가정식 요리책들 역시
컴포트 포르노를 선사하는 수단으로밖에
보이지 않는다.
바깥세상의 테러와
'긴축 경제의 고된 현실'로부터 벗어나
다 갖춰진 가정에서 자족감을 이루려는
꿈일 뿐인 것이다.

서는 관심을 표명해야겠다. 내가 처음으로 밥을 짓고 썩 훌륭한 스페인 오믈렛 만드는 법을 배운 게 바로 딜리아의 신선할 만큼 간단한 이 요리책 덕분이었다.) 아드리아는 언론과의 인터뷰에서 이렇게 말했다. "요리에 대해 이토록 정보가 차고 넘치고 많이 이야기되던 때가 없었지만, 이제 집에서 요리하는 하는 사람은 많지 않다. …… 이는 영국만의 문제가 아니다. …… 한 달에 겨우 1000에서 1500유로[195만 원]를 버는 상황에서 (사람들은) 음식을 잘해 먹을 여유가 없다고 느낀다."[14]

아드리아의 말이 맞다면, 지난 몇 십 년간 미디어에서 넘쳐난 푸디즘은 모두 포르노나 속물근성, 도피주의, 아니면 다른 요소들이 결합한 산물이었다는 뜻이다. 요리 프로그램을 시청하고 요리책을 구입하는 수백만의 사람이 막상 직접 요리를 하지 않았다면 말이다. 실제로 토머스 켈러는 자신의 두 번째 책 《집에서 즉석으로Ad Hoc at Home》에 소개된 음식이 "접근 가능하다."라고, 요리법은 "집에서도 할 수 있다."라고 묘사한다.[15] 그렇다면 호화판 요리책이었던 그의 첫 책 《프렌치 런드리 요리책》에 나온 요리법을 실제로 요리해 본 독자는 거의 없었을 거라고 암묵적으로 인정한 셈이다. 《집에서 즉석으로》의 경우, 더욱 친근하게 다가서려는 간절한 노력이 엿보인다. 책 속에는 칠판 앞에서 미소 짓는 토머스 켈러의 얼굴 사진을 포토샵으로 꾸며 대문짝만 하게 실었다. 한 칠판 위에는 "난 숟가락으로 뜨는 것을 정말로 좋아해."라는 구호가 쓰여 있고, 켈러는 사랑스럽다는 듯 숟가락을 살펴본다. 그리고 말풍선에는 이렇게 적혀 있다. "나는 숟가락의 아름다운 모양과 그 다양한 용도 때문에, 달걀을 사랑하듯 숟가락을 사랑한다."[16] (영국의 풍자적 잡지 《프라이빗 아이Private Eye》는 "나와 나의 숟가락"이라는 제목의 가상 인터뷰를 오랫동안 연재하고 있는데, 유명인사는 숟가락과의 관계에 대한 질문을 받는다. 마지막 질문은 항상 "숟가락과 관련해 뭔가 재미난 일이 있었던 적이 있었나?"이고, 답은 거의 늘 "아니요."이다. 그런데 토머스 켈러를 대상으로 삼은 적은 없다.)

그렇다면 아드리아와 동료 요리사들이 새로운 바람을 일으키며 위로를 선사하려고 기본으로 돌아간 푸디즘 책들을 출간해서 더 많은 사람이 요리를 시작하게 되었을까? 예전에 같은 형식의 책들이 인기를 끌었을 때도 하지 못했던 그 일을? 이에 대한 답은 회의적이다. 20년 전 마르코 피에르 화이트는 자신의 책 《백열》의 장난스러울 정도로 논쟁적인 서문에서 다음과 같이 썼다. "《백열》을 구매한 이유가 요리를 잘하고 싶어서인가? 미슐랭 스타를 받은 요리를 해 보고 싶어서? 잊어라. 돈을 아껴라. 가서 냄비나 하나 사라."[17] 최근에 나온 가정식 요리책들 역시 컴포트 포르노comfort porn를 선사하는 수단으로밖에 보이지 않는다. 바깥세상의 테러와 '긴축 경제의 고된 현실'로부터 벗어나 다 갖춰진 가정에서 자족감을 이루려는 꿈일 뿐인 것이다.

신사 분들,
마칠 시간입니다[*]

12

*You Aren't
What You Eat*

* Time, Gentlemen, Please. 영국의 선술집 펍에서 영업 종료 시간을 알리며 외치는 표현.

좋은 것은 그 무엇도 빠르게 가질 수 없는 법. 현대의 최신 푸디스트 철학 역시 마찬가지다. 요리하기와 먹기, 둘 다 시간을 들여야 한다. 그것도 많이. 이러한 견해는 분명 겉보기에는 상반되는 두 집단을 하나로 묶고 있다. 한쪽에는 슬로푸드와 유기농을 지향하는 로커보어, 그리고 다른 한쪽에는 실험실 가운을 입은 요리사 감독이 바로 그 두 집단이다. 토머스 켈러는 《프렌치 런드리 요리책》에서 이렇게 말한다. "이 책에 나온 요리법의 핵심은 내가 생각하기에 아주 귀중한 뭔가를 하려고 시간을 들이려는 거다. 20분 고급 음식에 대한 열망이…… 요리하는 만족감으로 이어지는 생명선을 끊어 놓았다."[1] 오랜 시간 공을 들이는 푸디스트 요리와 프라이팬에다 이것저것 섞어 후다닥 만드는 음식의 관계는, 비유하자면 스팅[팝 스타]이 전수받았다는, 오랜 시간 지속한다는 탄트라식 섹스와 에리카 종이 말하는 지퍼 터지는 섹스[i]의 관계와

---

i zipless fuck. 에리카 종의 소설 《비행 공포》에 나오는 표현.

비슷하다. 두 경우 모두 (남자는) 오래 지속될수록 좋다고 추정한다.

영국 작가 크리스토퍼 드라이버가 1983년, "시간이 걸리고 주의를 기울여야 하더라도 잘 먹는 것"[2]을 선호한다고 언급하면서 '슬로푸드'라는 표현이 처음 만들어졌다고 여겨지고 있다. 하지만 공식적인 슬로푸드 운동은 이탈리아에서 시작되었고, 미식 과학 대학교도 운영 중이다. 수학이나 문학, 화학만을 전문으로 하는 대학은 아무리 눈 씻고 찾아봐도 없을 텐데 말이다. 물론, 그런 것보다 음식이 더 중요하겠지만. 마이클 폴란도 동의한다. "슬로푸드는 서구식 식단과 먹는 방식, 그 어느 때보다 위험에 빠진 서구식 삶의 방식에 대항하는, 일관성 있는 운동이자 대안이다."[3]

하지만 누구에게 시간이 있단 말인가? 문제는 이러한 '항의 운동'에 참여할 가능성이 가장 높은 사람이야말로 시간이 풍부한데, 이들은 주로 부유층, 다시 말해 "위험에 빠진 서구식 삶의 방식"에서 이미 가장 많은 이윤을 취한 사람들이다. 근근히 먹고살 정도로 벌기 위해 한 직장(또는 두 직장에서)에서 오랜 시간 일하지 않아도 된다면, 누구라도 고기란 고기는 모두 24시간 내내 불 위에 올려놓고 '수비드' 방식으로 조리할 수 있을 것이다. 아니면, 헤스턴 블루먼솔이 예전에 텔레비전에 나와 그랬듯이 으깬 감자 요리를 하려고 한 시간 반 동안 "여덟 개의 냄비와 조리기구"를 이용해 결국엔 "걸쭉한 수프" 비슷한 것을 만들 수도 있을 것이다.[4] 실제로 슬로 푸디스트의 제약을 따를 수 없는 대다수에게 그러한 제약은 (난해한 재료를 구할) 시간은 물론 돈도

풍부해야 따를 수 있는 환상에 불과하다. 슬로 푸디스트의 방식은 현대 불로소득 생활자처럼 먹는다는 뜻일 뿐이다.

푸디스트들은 오랜 요리 시간이나 장대하게 지속되는 폭식(마이클 폴란이 말하길, 36시간 디너 파티)[5] 같은, 대식가를 위한 거창한 식사에 따르는 미덕에 대해 줄기차게 찬가를 쓴다. 하지만 노련한 사업가들(기본으로 돌아가자는 《가족 식사》를 낸 페란 아드리아 같은 이들)은 대다수 평범한 사람들에게는 헌신적인 푸디스트라 할지라도 시간이 부족하다는 걸 알고 있다. 그렇다면 그들은 실제로 무엇을 먹을 것인가? 토머스 켈러에게 이러한 간극에서 오는 긴장을 푸는 방법이라고는 '20분 고급 음식'을 냉소하는 것밖에 없다. 이미 미국에서는 푸드 네트워크에서 바쁜 직장인을 위한 레이첼 레이의 〈30분 요리〉 프로그램이 인기이고, 영국에는 나이절 슬레이터의 《30분 요리사》, 제이미 올리버의 《30분 요리》 같은 책이 있으며 그 밖에도 신속한 요리에 관한 요리책이 많다(2010년 출간된 직후 《제이미의 30분 요리》는 영국에서 출간된 논픽션 분야 책 중 가장 빠르게 빨린 책이 되었으며, 2011년에는 소설 《원 데이》 다음으로 가장 많이 팔린 책이기도 했다). 현대의 푸디즘은 희귀한 이분법으로 나뉘어 있다. 엄청난 노력이거나 최소한의 노력. 그 중간이랄 것은 거의 없다. 한쪽에서는 존경받는 장인이 먹을 가치가 있는 무언가를 요리하려고 몇 시간에 걸친 준비 시간이 필요하다고 강조하는 반면, 다른 한쪽에서는 오로지 편의성이 최고다.

하지만 편의성을 중심에 놓고 슈퍼마켓에서 '조리 가공된 인스턴트식품'을 사는 이는 누구든 화를 당할지니라. 이는 음식에 대해 한 마디씩 하는 논객의 눈에 흡연에 버금가는 혐오스런 악덕이기 때문이다. '진짜' 음식을 요리할 시간이 있다는 것은 권력의 한 형태이며, (인간관계에서 늘 그렇듯) 권력을 가진 이(시간은 우리 편이다)는 다른 사람에게 시간이 부족한 이유가 그들 스스로의 잘못이라 판단한다. 권력이 없다는 것은 도덕적 결함이라는 것이다. 때로, 인스턴트식품은 특히 앵글로-색슨 민족의 악덕으로 추정되는 경우가 있는데, 노기충천한 《나쁜 음식 영국》의 저자 조애나 블라이스먼도 그렇게 생각한다. 그런데 그녀는 프랑스에도 (매우 맛있는) 냉동식품과 인스턴트식품을 판매하는 '피카르'라는 상점 체인이 있고, 또 스페인과 이탈리아 어디에나 이런 식품이 있다는 걸 모르는 듯하다.[6] (사실, 롤랑 바르트는 이미 1961년, 프랑스에서 "통조림으로 출시된 '미식 요리'"를 먹을 수 있게 된 데 대해 "미식과 산업화의 역설적인 관계"라 평했다.)[7] 블라이스먼도 일부 인스턴트식품 (선구적인 가스트로포르노 예능인이라 할 수 있는 폴 보퀴즈 같은 유명 요리사가 홍보하는 식품)이 프랑스의 주요 슈퍼마켓에서 판매된다며 인정하고는 있지만, 분명한 교훈을 이끌어 내지는 못한다. 프랑스인이 음식에 무지해서 이런 즉석식품이 판매되는 게 아니다. 인스턴트식품은 한 나라나 다른 나라에서 푸디스트에 대한 교육이 충분치 못해 일어나는 현상이 아닌 것이다. 이는 음식 문화의 격이 떨어진 게 아니라 (오히려) 노동 문화의 질적 하락을 보여 주는 것이다. 영국과 다른 유럽에서 많은 사람이 매일 저녁 집에 돌아와서 요리를 하고 싶어도 요리할 시간은 물론 정신적 에너지도 내지 못한다. 인스턴트식품을 먹으면서 혐오스럽고 무지하다는 소리까지 들으니 이러한 존재론적 상처에 모욕까지 끼얹은 셈이다. (물론 굳이 성가시게 요리를 하지 않으려는 이들도 있다.) 그러나 푸디스트의 환상과 실제 음식 습관 사이에 존재하는 괴리는 여러 면에서 음식 교육의 문제가 아니라 경제적 문제이다. 제이미 올리버가 등장하기 전까지 영국 학생에게 제공되던 지독하게 형편없던 급식 또한 음식과 관련한 문제가 아니라 민영화 문제였다. 즉, 이윤을 극대화하기 위해 급식 공급 업체가 하루 한 아이에게 들이는 비용은 36펜스[700원][8](급식에 나오는 온갖 음식에도 불구하고 군용견을 먹이는 데 드는 비용의 4분의 1)[9]에 불과했다.

　고고한 척하는 푸디스트에게 인스턴트식품을 먹는다는 것은 먹는 거라 할 수 없다. 마이클 폴란에게 음식이란 당신의 할머니가 음식이라고 알아볼 수 있는 걸 뜻하는데,[10] 이는 좀 다르다고 해서 해롭다고 볼 수 없는데도, 웨건 힐 초콜릿 파이, 전자레인지로 조리 가능한 닭고기 티카 마살라[i], '로스트 아보카도 콘 샐러드와 허클베리 하바네로 데미글라스 소스[ii]를 곁들이고 부흐생[iii]을 넣은 캥거루 고기 나초를 1인분으로 포장한 인스턴트식품'[11] 등을 언푸드[iv]의 범주에 넣어 버리는 것과 매한가지다. (스타벅스에서 판매하는 신제품 '비스트로 박스' 역시 "진짜

---

i tikka masala. 작게 자른 고기를 매콤한 붉은색 그레이비로 요리한 음식.
ii demi-glace. 브라운 소스를 그 양이 절반이 될 때까지 졸인 소스.
iii boursin. 프랑스 북부 지방의, 마늘 및 다른 향신료가 가미된 치즈.
iv unfood. 먹기에 적절치 않은 음식, 건강에 좋지 않은 음식을 가리키는 말.

많은 사람이 매일 저녁
집에 돌아와서 요리를 하고 싶어도
요리할 시간은 물론
정신적 에너지도 내지 못한다.
인스턴트식품을 먹으면서
혐오스럽고 무지하다는 소리까지 들으니
이러한 존재론적 상처에
모욕까지 끼얹는 셈이다.

음식"이라는 라벨을 붙여 다른 음식들은 가짜라는 뉘앙스를 풍긴다.) 하지만 진짜 언푸드는 문자 그대로 소화 불가능한 것, 예를 들면 스패너 같은 공구일 텐데 말이다.

현대의 진지한 푸디스트를 위해서라면, 이상적인 신속 요리에는 반드시 힘든 노동을 상기시키는 요소가 조금이라도 들어 있어야 한다. '간편convenience'(혹은 '정크푸드'는 고사하고 '가공') 음식[인스턴트식품]에 덧칠해진 황당한 오명을 피하기 위해서이다. 음식의 진정성이 어디에나 존재하던 상상의 황금시대에 고된 요리를 하던 하인들과 정신적 연대감을 느껴야만 하니까. 장화를 갖춰 신은 친구들과 먹거리를 찾아 채집에 나설 생각이 아니라면, 대신 "불편한 식품"이라 부르는 제품의 날로 높아지는 인기에 편승해야 할 것이다. 일례로, 2011년 크리스마스를 앞두고 고급 슈퍼마켓 체인 웨이트로즈는 딜리아 스미스가 개발한 '딜리아의 클래식 크리스마스 케이크'를 판매했는데, 모든 재료의 무게를 달아 개별 포장해 '섞기만 하면 되는' 조립용 세트였다. 기지 넘치는 생각이 아닐 수 없다. 케이크가 되길 기다리며 해체되어 있는 이케아 스타일의 조립식 케이크는 당연히 케이크, 그러니까 완성되어 상자 안에 들어 있는 케이크보다 더 비싸다. 이제 제품을 만드는 데 필요한 노동에 참여하는 기회를 얻으려고 웃돈을 지불해야 하는 것이다. 반면, 과거에는 이렇게 직접 만들어야 하는 제품(플랫팩[i] 가구도 마찬

---

i flat-pack. 납작하게 포장한 조립식 가구 부품.

가지)은 이미 만들어진 제품보다 할인가에 판매되었다.

'딜리아의 클래식 크리스마스 케이크'는 재미 삼아 요리해 보는 기회를 가지려고 추가로 돈을 내야 하는 현실을 보여 준다. 특히, 지적 노동이 증가하는 일반적인 근무 환경에서 무형의 생산물을 다루며 소외감을 느끼는 이들이라면 더욱 그런 기회를 원할 것이다. 따라서 경기 침체 때 시작된 홈 베이킹 붐(텔레비전 프로그램 〈영국인 빵을 굽다〉)은, 손을 써 움직이면 그것이 노동의 결과로 직접 이어지는 수공예의 즐거움(《커스티의 핸드메이드 브리튼》)을 되찾고자 향수에 젖어 노력하는 보다 일반적인 사례에 불과할지 모른다. 막스 호르크하이머가 테오도어 아도르노와 나눴던 대화에서 이렇게 표현했듯 말이다. "사실상, (사람들의) 여가 시간이 어떤 이로움도 줄 수 없는 까닭은 그들이 일하는 방식이 사물을 직접적으로 다루는 것과 관계가 없기 때문이다. 이것은 사물과의 조우를 통해 그들의 존재가 풍요로워지는 경험을 하지 못한다는 뜻이다. 참된 노동이 부족해서 주체는 위축되고 여가 시간에 그라는 존재는 무가치해진다."[12] 현대의 노동자는 여가 시간에 음식이라는 사물을 다루면서 다시 풍요로운 존재가 되려고 시도한다.

우월감에 찬 푸디스트가 편의성에 대해 보이는 경멸이나 노동 그 자체에 대한 집착은, 가정에서 '노동을 덜어 주는' 방식으로 발전해 온 역사적 흐름을 흥미롭게 뒤집고 있다. 수년간 많은 이들은 밀려드는 푸디즘과 직면하면서도 이에 반대하는 타당한 이유를 설명해 왔다. 한때 요리는 여자들이 '무엇보다 가장 우선시해야 할 의무'로 어겨지는 데 논란의 여지가 없었던 듯하다. 음울하고 여자 혐오증에 반유대주의 작가인 G. V.가《정찬과 정찬 파티》에서 19세기 중반 주장했듯 말이다. 그는 "알지 못해도 전혀 상관없는 것들을 배우느라" 여자들에게 책을 읽도록 장려하는 것에 분노했다.[13] 그의 견해는 반세기가 지나《폴 몰 가제트》에 음식을 주제로 기고한 여성에 의해 여전히 울려 퍼졌다. 짙은 자주색 표지의 푸디스트 교리문답책《아우톨리쿠스 축제: 한 탐욕스러운 여인의 일기》(1896)의 저자인 엘리자베스 로빈스 페넬은 젊은 여성들에게 '회화전'이나 '새 책' 같은 경망한 것들에는 신경 끄고 자신의 모든 생각을 음식에 쏟는 게 좋다고 추천했다. "왜 투표권을 요구하는가, 왜 야만적인 남자들을 구제하려고 노력하는가, 왜 흰색이나 파란 리본을 두르고 요란스럽게 자신을 드러내는가? 하루에 세 번 손닿는 곳에서 수월하게 예술품을 창조할 수 있는데."[14]

그러나 20세기 중반 '가공한' 인스턴트식품의 등장은 정치적으로는 구속으로부터의 해방으로 생각되었다. "직장에 다니는 여성에게, 그들의 어머니가 포리지 냄비와 프라이팬 앞에서 보내야 했던 시간을 절감해 주었다."라고 크리스토퍼 드라이버는 말한다.[15] 1971년도에 출간된 딜리아 스미스의 첫 책《요리에서 속임수 쓰는 법》에 홍미를 더욱 부여한 것은, 책 속에 구미에 맞도록 알게 모르게 흐르고 있는 페미니즘이었다. 그녀는 당시에도 과도하다 싶을 만큼 미디어 푸디즘에 충실히 따른다. "맛이 있다면 그걸로 된 거다. 만드는 데 20분

밖에 걸리지 않았다고 해서, 그게 뭐 어떻다는 건가? 쇄도하는 요리 안내서들과 시리즈로 출간되는 책들, 텔레비전에 나오는 명인들은 오로지 필요한 것은 대단히 공을 들이는 것밖에 없다고 확신시켰던 것으로 보인다."[16] 하지만 그녀의 요리법은 독자에게 크림과 통조림 콩, 치즈를 이용해 인스턴트 수프를 그럴 듯하게 보이게 만들라고 조언한다. 또한, 인스턴트 으깬 감자는 버터와 골파를 넣어 직접 만든 것처럼 "가장하고" 닭고기 요리는 "포장 겉면에 나온 지시대로 양파 소스로 치장하라."라고 한다.[17] 쌀에 관한 단락의 도입부에서는 강한 확신을 갖고 이렇게 털어놓는다. "쌀은 채소를 전적으로 멀리할 수 있는 좋은 방법"으로 오늘날 요리법에 헤로인을 넣는 것에 버금갈 것이다.[18] 그러나 게임이 이미 조작된 것임을 안다면, 델리아 식으로 속이는 것에는 아무런 잘못도 없는 셈이다. (2008년 딜리아는《요리에서 속임수 쓰는 법》이라는 제목으로 또 다른 책을 출간해 (푸디스트의 강한 조롱과 불평에 대비해) 파르메산 치즈 가루와 통조림 빵가루 또는 다진 양고기를 사용하라고 조언했다.)[19]

부엌에서 많은 시간을 보내고 싶지 않은 특별한 이유 한 가지를 들자면, "자유롭게 마시고" 싶어서일지도 모르겠다. 캐롤린 블랙우드와 애나 헤이크래프트가 1980년에 자유분방한 느낌의 요리책《여보, 그렇게까지 수고할 필요가 없었는데》에서 인상적일 만큼 단순명쾌하게 표현했듯이 말이다. 이 책은 루시앙 프로이트[지그문트 프로이트의 손자인 사실주의 화가], 프랜시스 베이컨[영국의 표현주의 화가], 쿠엔틴 크리스프[영국의 작가, 배우], 소니아 오웰[조지 오웰의 아내], 바버라 카틀랜드[영국의 로맨스 소설 작개, 마리안느 페이스풀[영국의 가수이자 배우] 같은 [다양한 분야의] 전문가들이 소개하는 신속하거나 기만적이거나 풍자적인 요리법을 엮어 놓고 있다. 현대 여성은 과도하게 요구되는 부엌일에 맞서는 "반란의 상황에 놓여" 있다고 저자들은 말한다. 그러니 어서 "크로스 & 블랙웰의 비시스와즈[차가운 감자 수프]와 캠벨의 콘소메[맑은 수프의 일종]"를 주재료로 다른 수프를 만들어 내고 인스턴트 으깬 감자를 활용해 직접 요리한 것처럼 가장하라.[20] 그리고 결코 사과하지 마라. "겸손은 요리사에게 어울리지 않으며 손님의 비판적인 능력만 자극할 뿐이다. 그러한 능력은 칵테일과 좋은 와인을 활용해 완벽하게 약화될 것이다."[21] 훨씬 최근에는 요리사 앤터니 워럴 톰프슨이 이러한 상황을 보기 드문 시각으로 풀어냈다. 그는 영국의 상황을 이렇게 말했다. "내 생각에 정말로 음식과 요리를 즐기는 핵심 인구는 한 300만 정도 있는 것 같고, 상당수 여성은 '냉동식품 고마워. 더 이상 요리 따윈 안 해도 돼.'라고 생각한다."[22] 게다가 유럽 대륙의 요리인이 매일 행복해하며 스스로를 위해 요리할 거라 믿는 영국인 푸디스트의 고정관념과 달리, 1920년대 프랑스의 유명 셰프이자 요리책 저자인 그자비에 마르셀 불레스탱(그 이전에 런던 상류층의 인테리어 디자이너였던 그는 전쟁 중에 요리를 실습했다.)은 회고록을 통해 수년 동안 자신을 위해 요리한 적이 없으며 매일 런던의 식당에서 사 먹는 걸 선호했다고 밝힌다.[23]

20세기 후반 여자들이 요리에 진력이 나자, 남자들이 요리에 뛰어들었다. 탐정소설가로 정평이 나 있던 렌 데이턴은 1965년 출간

맛이 있다면
그걸로 된 거다.
만드는 데 20분밖에
걸리지 않았나고 해서,
그게 뭐 어떻다는 건가?

한 《액션 요리책》으로 영국 남자들을 부엌으로 끌어들였다. 표지에는 총신에 파슬리 잔가지가 꽂혀 있는 권총이 등장한다. 그리고 책에는 《옵저버》에 연재했던 데이턴의 '쿡스트립cookstrips'이 담겨 있는데, 연재만화 형식으로 동작 동사를 크게 표시해 요리 방법을 알려 준다("1. 오리고기를 굽는다 …… 7. 소스를 붓는다 ……").[24] 존 월시는 다음과 같이 자신의 견해를 밝히고 있다. "당시 남자가 집에서 자기 자신을 위해 요리하는 것은 유별나고 부자연스러운 것으로 여겨졌지만 얼마 안 돼 공인받게 되었다. 여성이 하던 자질구레한 일 중 하나가 갑자기 사회-성적인 성취로 탈바꿈했다."[25] 데이턴의 소설을 영화화한 〈국제첩보국〉에서 해리 파머(마이클 케인)는 수 로이드에게 전희의 방식으로 이렇게 말한다. "지금껏 당신의 삶에서 맛본 음식 중 최고의 음식을 요리해 줄게요." 한편, 대서양 반대편에서는 와인을 벌컥벌컥 들이켜고 "빠른 쾌락"을 실천하는 그레이엄 커가 텔레비전 요리 프로그램 〈질주하는 식도락가〉(1969~71)로 명성을 얻었고, 뒤이어 영국에서는 재미나게 모자를 삐딱하게 쓴 키스 플로이드가 방송 제작자들 사이에서 신의 선물로 등장하며 텔레비전 요리 프로그램을 "여성의 고립된 영역"에서 "구원"해 주었다.[26]

음식을 전투와 동일선상에서 놓고자 《액션 요리책》에서 차용한 총 모티프는 우연이 아니다. 오히려 요리와 전쟁이 비슷하다고 말함으로써 푸디즘은 특히 마초를 꿈꾸는 성향의 남자들에게 어필할 수 있다. 마르코 피에르 화이트는 자신의 '하비스'가 "영국에서 가장 강력한 주방이며 주방들 중에서도 특수부대"라고 자랑한다.[27] 헤스턴 블루먼솔은 오징어 씻는 일을 돌격 소총 닦는 일에 비유한다.[28] 앤서니 보댕은 "민간인"(요리사가 아닌 사람들)이라는 말을 쓰는 한편, 자신의 주방을 이렇게 말한다. "이곳은 여전히 군대다. 나는 궁극적으로 거수경례와 'Yes, sir!'를 원한다."[29]

감수성이 극히 예민한 소설가 조너선 사프란 포어조차 자부심 가득하고 심하게 조리 정연해 지독하게 느껴지는 그의 책《동물을 먹는다는 것에 대하여》(채식주의를 옹호하는 강력한 윤리적 논거의 중심에는 여전히 철학자 피터 싱어가 있다.)에서 우리가 생선과 전쟁 중이라는 조지 W. 부시의 의견에 동의한다.[30] 하지만 잠깐만, 요리가 넓은 의미에서 전쟁이라면 더 큰 적은 바로 음식 그 자체임에 틀림없다. 실제로 미국에서 방영된 흥미로운 텔레비전 시리즈 〈인간 대 음식〉은 제목에서부터 그러한 전제를 숨김없이 드러낸다. 이 프로그램 진행자는 미국 전역을 여행하며 터무니없이 많은 양을 먹거나 말도 안 되게 강한 향신료를 쓴 음식을 먹는 도전에 나선다. 그러고는 프로그램 매 회 말미마다 누가 이겼는지 선언된다. '인간'이냐 '음식'이냐. 이 프로그램은 현대 미디어 푸디즘의 전형을 극단적으로 보여 준다. 음식을 존중한다는 립 서비스에 상관없이, 음식은 사실상 적이며 〈스타트렉〉에 나오는 보그 종족이 득의양양하게 적을 흡수해 전멸시킨 방식대로 물리쳐야 하는 대상인 것이다.

또한, 호전적 요리라는 주제 속에는 다른 사람의 의지에 완벽하게 복종하는 몽상 속에서 독자가 느낄 법한 환상에 가까운 즐거움이 있다. 즉, 선택과 생각을 해야만 하는 부담에서 벗어나는 것이다. 《모든 것을 먹어 본 남자》를 쓴 재치 넘치는 저자 제프리 스타인가튼은 이렇게 고백한다. "적어도 처음에는 다른 작가의 지시를 노예처럼 따른다는 방침을 갖고 있다. 그리고 나는 명령을 따르는 걸 무척 좋아한다."[31] 푸디스트 문화에는 분명 헤겔이 말한 주인과 노예의 변증법과 관련한 뭔가가 있다. 다음은 에르베 디스의 말이다. "언젠가 부용[i]에 관해서는 내가 칼자루를 쥐게 되리라 꿈꾸고 있다."[32] 음, 물론 누군들 꿈꾸지 않겠는가? 앤서니 보댕은 또 이렇게 제안한다. "전문적인 요리의 핵심이 지배라면, 성공적으로 먹는다는 것의 핵심은 복종에 있다."[33] (성공적이지 않게 먹는다는 건 대체 무슨 뜻일까? 간단히 말해, 음식을 입속에 넣지 못하는 것? 아니면 터베이컨에픽센터피드를 한 번에 먹어치울 수 없는 것?)

요리사의 권한과 관련해 요리사를 군 사령관으로 보는 것보다 한술 더 뜨는 것은 요리사를 신으로 생각하는 거다. 말 그대로, 무에서 유를 창조하듯 음식을 만들 수 있다는 것. 초자연적인 장인의 솜씨에 대해 시간이 넘쳐나는 푸디스트로서 찬미를 풀어놓은 글 중 압권은 《먹고 기도하고 사랑하라》의 한 부분이다. 정말이지 불요불굴한 엘리자베스 길버트라 하겠다.

---

i bouillon. 고기나 채소를 끓여 만든 육수로, 맑은 수프나 소스용으로 쓴다.

나는 …… 점심으로 먹을 신선한 갈색 달걀 두 개를 반숙으로 삶았다. 달걀 껍데기를 벗겨 일곱 줄기의 아스파라거스와 함께 접시 위에 가지런히 올려두었다. …… 나는 접시 위에 올리브 몇 개와 함께 어제 길 아래 치즈 가게에서 산 염소 치즈 네 덩이, 분홍색 기름진 연어를 얹었다. 디저트로는 사랑스러운 복숭아(시장의 아주머니가 덤으로 준 복숭아), 로마의 햇살을 여전히 따뜻하게 간직하고 있었다. 나는 한동안 이 음식에 손을 댈 수조차 없었다. 그것은 점심의 걸작, 무에서 유를 만들어 낸, 예술의 진정한 표현이기 때문이었다.[34]

무에서 걸작과도 같은 점심을 만들어 본 적 없는(최근에 구매한 여러 음식을 접시에 올려놓는 일을 제외하고) 우리는, 무에서 기적을 행해 자신의 음식을 준비함으로써 다른 사람들뿐 아니라 자연 그 자체의 법칙에 대해서도 완벽한 지배를 보여 준, 이토록 자기중심적인 여신의 초상 앞에서 그저 경외감에 무릎을 꿇고 침을 흘릴 뿐이다. 하지만 우리 같은 이들이 그런 재주를 재현하길 바라는 것은 비현실적일 것이다. 서로에게 의지하는 보통의 인간인 우리로서는. 사실상 요리와 먹는 행위가 우리네 같은 보통 사람에게는 오랜 시간을 쏟아야 하는 의무적인 노동이나 전쟁이 아니라면? 혹은 지배와 복종을 근간으로 한 장시간에 걸친 경쟁도 아니고, 자기 숭배에서 나오는 햇빛 비치는 성찬도 아니라면 어떨까? 그저 협동의 한 형태, 혹은 일종의 파티라면?

먹어야
한다 *

13

*You Aren't
What You Eat*

* Il faut bien manger. 프랑스의 철학자 자크 데리다가 했던 어느 대담의 제목에서 인용.

당신이 켄터키 프라이드 치킨의 텔레비전 광고를 맡았다고 상상해 보라. 게다가 이 상품을 고급 소비자를 노린 시장에 진출시켜야 하는 임무를 띠고 있다. 참으로 어려운 일이 아닐 수 없다. KFC의 튀김옷을 입힌 닭고기와 감자튀김이 유기농 로커보어 에어룸 치킨 앤 칩스 식당의 그것에 견줄 만큼 질이 좋다고 믿는 척 선전할 수는 없을 것이다. 가격만 해도 네 배나 차이가 나는데 말이다. 그렇다면 어떻게 할 것인가? 그때 갑작스런 영감이 찾아온다. 홈 비디오 느낌이 물씬 나는 색을 입힌 화면 속에 한 무리의 아름다운 젊은이들이 정원에 모여 앉아 가끔씩 KFC 통에서 뭔가를 꺼내 우적우적 먹는 모습이 슬로모션으로 흘러나온다. 배경음악으로는 그리움을 자아내는 인디 음악이 깔린다. 그리고 마지막에 가서는 문학적인 함축성을 담아낸 문구가 등장한다.

사람들the people

순간the moment

맛the taste

KFC

다시 말해, KFC를 먹으며 좋은 점은, 친구들과 함께 좋은 시간을 보내는 거다. 그리하여 이 광고는 효과적일 뿐만 아니라 사실적이기도 하다. 나라도 마음이 맞지 않는 사람들과 세계에서 가장 비싼 레스토랑에서 식사를 하느니, 친구 한둘 혹은 여럿이 어울려 KFC에서 먹는 쪽을 택하겠다. 잘못된 이분법을 내세우고 있다는 비난을 받지 않기 위해 선택 사항을 하나 더 추가해 보자면, 한두 명의 좋아하는 이들과 고급 음식을 먹는 것 또한 매우 유쾌한 일이다. 하지만 지금껏 내가 이 책을 통해 조사한 푸디스트의 무시무시한 현상에 드러난 문화는 늘 뭔가를 놓치기 쉬운 위험에 처해 있었다. 정말 중요한 것은 음식이 아니라 함께하는 사람들이라는 것. 딜리아 스미스의《요리에서 속임수 쓰는 법》의 원판은 그 자체로 연회의 유쾌한 기분에 대한 멋진 선언이기에 오늘날 재발행된다면 사회적으로 득이 될 것이다. 그녀는 침착하게 이렇게 말한다. "부엌에서 부족할지도 모르는 것은 식사하는 공간인 다이닝 룸에서 만회할 수 있을 것이다."[1]

공정하게 말하면, 이는 현대의 많은 푸디스트가 인정하는 사실이다. 비록 그러한 목적을 달성하려고 요상한 경로를 취하는 경우가 있긴 하지만. 미국의 의사이자 작가인 리언 캐스는 연회의 유쾌한 기분을 내는 수단으로 음식이 갖는 영적인 가치에 대해 터놓고 주장하는 책을 썼는데, 책 제목은 참 적절하게도 《허기진 영혼》이다. (책의 도입부에서 그는 "분석적 명료성" "논리적 일관성" "페미니즘" 같은 현대의 유해한 경향을 비난하며, 진화론이 창세기와 "배치되지 않음"을 주장한다. 훗날 그는 조지 W. 부시 행정부 당시 생명윤리위원회의 수장이 되었다.)[2] 캐스에 따르면(브리야사바랭의 뒤를 이어), 동물은 그저 먹지만 인간은 테이블에 앉아 정찬을 들며, 이는 우리가 단지 동물에 불과한 게 아니라 더 높은 수준의 영적 단계 위에서 존재함을 보여 주는 것이다. 아니, 그가 그렇게 생각한단다. 하지만 캐스와 함께 밥을 먹는다는 상상만으로도 몸이 떨릴 것 같다. 그는 식탁에서 "의견의 교환" "소문" "그날 사건에 관한 전달" "생각 나누기" "음담패설"이 대화 주제로 부적절하다고 완고하게 선언하는데, 내가 지금껏 가장 즐거웠던 식사 자리에서 나눴던 이야기들은 거의 다 여기에 해당되는 듯하다. 캐스와 함께 먹는다는 것은 디오니소스적인 흥겨운 분위기에서가 아니라, 아폴론적인 고상한 분위기에 더 가까운 것이다. 즉, "밝고 우호적인" 방식으로 "일반적인 공통 관심사"에 관해 말해야 한다. 이렇게 함으로써 "함께 식사하는 이의 영혼을 맛보고, 실로 음미할 수 있다."[3] 따라서 음식을 섭취하는 것은 훨씬 더 놀라운 식사, 즉 영적인 식인 행위를 위한 구실에 지나지 않는다. 캐스의 주장이 내 취향에 비해 너무 광신적이긴 하지만, 식사 테이블에서의 흥겨운 분위기를 강조하는 부분은 반대하고 싶지 않다. 그런데 사람들과 함께 먹는 고차원적인 즐거움에 대한 그의 흥미진진한 찬사에 따를지라도, 영혼을 살찌우는 것은 먹는 행위 자체가 아니라 사람들과의 교유交遊이다.

자크 데리다가 "먹어야 한다."라고 말할 때, 이는 "우린 결국 먹어야 한다."와 "우린 잘 먹어야 한다."라는 두 가지를 모두 뜻한다. 그렇다면 어떻게 잘 먹는가? 그에 따르면, 사람은 다른 사람들과 함께 먹는다.[4] 의도를 갖고 동료와 술을 마실 때 와인과 맥주에 "사회적 미덕"이 담겨 있다고 로저 스크루턴이 말한 것처럼(그는 "펍에서 술을 한 잔씩 돌리는 관행이 영국인의 위대한 문화적 성취 중 하나"라고 지적한다.) 음식도 마찬가지라는 것이다.[5] 라틴어 어원에 의하면, '친구companion'란 빵을 함께 나눠 먹는 사람이다. 또한, '심포지움symposium'은 즐거운 대화를 나누며 먹고 마시는 파티였다.(그리스인은 식사 자리에서 위장뿐만 아니라 머리도 반드시 함께해야 한다는 사실을 분명히 했다.)[6] 소크라테스는 죽은 지 거의 2500년이 되었지만, 프랑스의 작가이자 음악가인 보리스 비앙이 구상해 만든 발명품 '피아녹테일pianocktail'(연주하고 있는 음악에 잘 어울리는 술을 섞어 칵테일을 만드는 기계)에 대해 분명 힘차게 고개를 끄덕였을 것이다.[7] 연회의 즐거운 분위기를 조성하는 데 이보다 더 도움이 되는 주방 기구는 없을 것이다.

대화를 선호하며 상대적으로 음식에 무관심한 것이 그 자체로 훌륭한 정찬을 보장하는 것은 아님을 여기서 짚고 넘어가야겠다. 철학자를 자처하는 알랭 드 보통이 추천한 파티의 형태를 당신이 염두에 두고 있다면 말이다. 그는 손님늘에세 인스턴트식품("M&S나 테스코 같은 대형 슈퍼마켓에서 파는 조리 가공된 으깬 감자를 곁들인 훈제 연어")을 내놓는 쪽을 선호하는데, 그들을 더 잘 시험하기 위해서란다. "좋은 대화란 스스로 취약해져서 나중에 빼도 박도 못하게 자신에 관한 사항들을 드러내는 것이다."라고 그는 철학적으로 설명한다. 이런 대화라면 리언 캐스와 무미건조한 일반적인 대화를 나누며 식사하는 것보다 더 불안감이 엄습할 듯싶다. 그는 연이어 다소 위협적으로 말한다. "저녁 식사를 앞에 두고 노래하는 아이디어가 마음에 든다. 살아가다 보면 가끔씩 자기 자신에게서 뭔가 내놓을 준비를 해야 하는 법이다." 인스턴트식품을 먹는 대가로 노래라니, 말도 안 되는 흥정 아닌가. 그래도 보통은 이를 무마하고자 뭔가 다른 것도 내놓을 거라며 안심시킨다. "나는 술을 많이 마시지 않아서 괜찮은 파티 주최자가 되지는 못하지만, 나의 사랑스런 아내 샬롯은 레드 와인 한 병과 화이트 와인 한 병을 준비해 둘 것이다."[8] 여덟 명의 손님에 겨우 와인 두 병이라니. 자신을 드러내라는 희한한 요구와 손님에 대한 예의에 벗어나는 술과 관련한 제한에 이르기까지, 이렇게 이루어진 알랭 드 보통의 테이블에서 연회의 즐거운 분위기란 다소 도전을 요하는 일은 아닐지 염려된다. 혹은, 《가디언》의 한 논평자가 좀 더 생생하게 묘사한 것 같은 분위기는 아닐는지. "그의 '완벽한 저녁 식사 파티'는 영화 속에 나오는 사이코패스가 손님들을 살해하기 직전, 그들을 불편하게 만들려고 연 파티 같다는 인상이 든다."[9]

푸디스트들은 다른 방식으로 즐거운 분위기를 열망한다. 감탄스럽게도 로커보어들은 이미 살펴보았듯 분열된 도시의 분위기를 다시 한

먹기 위해 사는 것은
개인주의적 소비지상주의의
극치이자 막다른 상태이다.
먹기 위해 사는 이들은
그들이 진정 진지하다 해도
삶의 의미를 엉뚱한 곳에서
찾아 헤매는 셈이다.
함께 살아가는
사람들을 통해서가 아니라,
접시를 내려다보며 말이다.

번 흥겹게 만들어 일종의 '공동체'를 복원하고자 한다. 그것도 오로지 주변 이웃에서만 음식을 사고팔면서 말이다. (이로 인해 틀림없이 국제적 연대는 희생을 치르리라.) 몇몇 친구와 먹거리를 '채집'하러 가는 것도 재미날 것이다. 또한, 음식을 예술의 수준으로, 혹은 섹스라는 단계까지 끌어올린 푸디스트들은 분명 온갖 별난 하위문화에서 활동하는 사람들처럼 서로 어울리며 즐거움은 물론 마음의 안정을 찾을 것이다.

그 역사가 겨우 2세기 반밖에 되지 않는 레스토랑은 과장된 표현으로 연회 기분을 모방함으로써 연회의 즐거움이라는 문제와 관련해 걱정을 자아낸다. 레스토랑과 유명한 요리사는 거의 어김없이 고객을 "손님"이라고 부른다. 음, 내가 당신들의 손님이라면, 부디 이 훌륭한 음식에 대한 내 감사인사를 받아 주기를. 내게 저녁을 대접해 준 것이나 다름없으니. 아니, 그런데, 뭐라고요? 당신은 내게 계산서를 내밀었군요? 내가 먹은 것에 대해 돈을 지불하라고요? 이건 일반적으로 '손님'을 대접하는 방식이 아닌데? 사실상 나는 레스토랑에서 손님이 아니라 고객이다. 진정한 환대가 담겨 있다는 암시는 어디에서나 나타나지만(호텔에서도 마찬가지), 그렇다고 사업의 상업적 속성을 지우려는 열망이 엿보이는 메스꺼운 가식을 감추지는 못한다. 혹은, 더 친절하게 해석해 보자면, 연회 기분의 분위기를 심리언어학적으로 준비해 보려는 시도일 것이다. 이러한 생각은 적어도 '노마' 레스토랑의 경영자인 르네 레드제피의 머리에도 스쳤던 모양이다. 그는 고귀하게도 그의 음식점이 무료라면 얼마나 좋을까 생각한다고 말하는데, 그 이유인즉슨 "연회의 흥겨운 기분 앞에서 사람들에게 돈을 치르게 한다는 것보다 더 나쁜 것은 없기 때문"이란다.[10] (물론 살인처럼 그보다 나쁜 일들은 상당히 많다.) 한편, 런던의 한 레스토랑에서는 그곳에서 사용하는 모든 베리가 근처 숲에서 "저스틴이 손으로 직접 딴" 것이라며 내게 호언장담했다. 아니, 저스틴이 누군데? 아무도 모르지만, 그 열매는 물론 레스토랑을 보다 친근하게 느끼도록 하는 데 애교 섞인 좋은 방법이긴 하다.[11]

1961년 롤랑 바르트는 프랑스 음식 문화에 나타나는 기호학을 연구하다가 의외의 장소에서 "신화 속 연회 분위기에서 풍기는, 회유하는 힘의 흔적"을 찾아내는데, 다름 아닌 "사업상의 점심 식사"에서이다. 이런 점심 식사의 목적은 결국 "안락하고 긴 논의"를 위한 것이기 때문이다. 그에 따르면, 사업상의 점심에서 요리의 "미식가적"이거나 "전통적"인 특징이 강조되긴 하나, 이는 "비즈니스 업무를 용이하게 하는 데 필요한 행복감을 자극"하려는 분명한 목적을 위한 수단일 따름이다.[12] 나 스스로 이런 자리에 참석한 적이 많지 않아서, 오늘날에도 사업상의 점심 모임이 오로지 한 가지 주제에만 몰두하는 푸디스트의 만찬 모임보다 더 즐거운 연회 분위기를 연출하고 있지 않을까 궁금하지 않을 수 없다.

혹은, 거의 모든 요리책이 그저 로스팅 방법이 아니라, 즐거운 연회 분위기를 팔고 있다는 걸 감안하면 요리책이 도움이 될지 모르겠다. 《제이미의 그레이트 브리튼》은 거리낌 없이 약속한다. "이 요리법대로 요리하면, 테이블에서 함박웃음을 지으며 즐거운 한때, 멋진 주말을 보냄으로써 보람을 느낄 것이다."[13] 판매를 위한 이런 위안물은 은밀한 포식의 즐거움을 선사하고, 그런 즐거움은 당신이 어울리는 사람들에게까지 전달된다. 인기와 행복이라는 것은 노력 없이 얻어지지 않는다. 요리책 한 권 정도의 값은 치러야 하는 것이다. (당연히 진정한 연회 분위기라는 것은 숙제 잘했다고 선생님께 받는 별 스티커처럼 쉽게 얻어지는 게 아니다. 식사에 초대된 손님들이 요리책에 나온 대로 요리를 참 잘했다고 평가해 줄 만큼의 친한 사이라면 애당초 엉뚱한 사람들을 초대한 것인지 모른다.) 한편, 퍼거슨 헨더슨의 《코부터 꼬리까지 먹기》 속에 담긴 사진들은 꽤 사랑스럽다. 투박한 식탁 주위로 여러 사람의 손이 손짓을 하고 있거나 정확히 식별할 수 없는 어떤 고기를 막 잡으려는 순간을 포착해 위에서 내려다보고 있다. 좋은 친구들과 함께하는 순간을 떠올리게 하고자 인위적으로 연출한 것이다.

사회학자인 호세 존스턴과 샤이언 바우만은 공동집필한 《푸디》에서 스스로를 '푸디'라 일컫는 수많은 사람을 인터뷰했다. 그들의 주장에 따르면, 음식은 "의미 있을" 뿐 아니라 심지어 "살기 위해 먹는 게 아니라 먹기 위해 산다."[14] 먹기 위해 산다고? 진짜로? 실제로 트위터상에는 "먹기 위해 산다(#livetoeat)"라는 해시태그[i]가 있는데, 이를 중

---

i SNS인 트위터의 대표적인 기능으로, '#' 뒤에 특정 단어를 넣으면 연관된 글과 사진을 모아 볼 수 있다.

심으로 활동하는 사이버 푸디스트들은 군침을 흘리는 팔로어들을 대
상으로 최근 목구멍으로 과도하게 삼킨 음식들을 대대적으로 알린다.
이런 게 다 장난처럼 하는 행동일 뿐이라 믿고 싶다. 실제로 먹기 위
해 산다면, 이는 우리를 절망케 하는 것이며, 우리의 이성과 창의성을
부인하는 것이며, 스스로 가축보다 못한 존재로 강등하는 것일 테다.
(동물조차 단지 먹기 위해 사는 건 아니다. 그들은 새끼를 키울 뿐 아니라 놀기도 하고
서로 어울린다.) 먹기 위해 사는 것은 개인주의적 소비지상주의의 극치
이자 막다른 상태이다. 먹기 위해 사는 이들은 그들이 진정 진지하다
해도 삶의 의미를 엉뚱한 곳에서 찾아 헤매는 셈이다. 함께 살아가는
사람들을 통해서가 아니라, 접시를 내려다보며 말이다. (혹은 책을 보면
서도, 그 자리에 없거나 세상을 떠난 이들과도 유쾌하게 어울릴 수 있을 것이다.) 이런
전반적인 상황이 좀 슬프지 않은가? 우리 시대의 광적인 푸디즘을 가
장 지혜롭게 바로잡으려면 멀리 갈 것도 없이 한 세기 전 W. S. 길버
트가 남긴 격언을 음미해 볼 필요가 있다. "식탁 위에 무엇이 올라오
는지가 중요한 게 아니라 의자 위에 누가 앉는지가 중요하다."

맺음말 :
가상의 먹기

한 남자가 나를 스쳐 지나가며 휴대폰에 대고 흥분해 얘기한다. "안녕, 친구. 우리 들어왔어. 간신히 표를 구했지!" 이건 록 콘서트도, 뮤직 페스티벌도 아니다. '마스터셰프 라이브'라는 어마어마한 푸디스트 박람회인데, 소비자 전시회의 전형이라 하겠다. 런던에 있는 올림피아 그랜드 홀 박람회장의 유리와 철로 된 둥근 천장 아래로 음식과 음료, 부엌 기구를 판매하는 가판대가 즐비하게 늘어서 있다. 푸주한과 농부가 시골스러운 옷을 입고 가판대에서 자신의 물품을 선전하고 있고, 그들 뒤로는 줄줄이 엮어 매달아 놓은 마늘이 보인다. 기침 시럽에 딸린 작은 플라스틱 컵 같은 용기에 따라 놓은 초콜릿 와인(어떤 정신 나간 놈이 레드 와인에 초콜릿을 섞어 놓은 것)과 스프리츠[spirits, 위스키, 브랜디 같은 증류주], 진짜 에일 등을 시음해 볼 수 있다. 또한, 소시지와 카레, 초콜릿, 컵케이크, '구르메 팝콘', 돼지 통구이, 많고 많은 종류의 홍차를 선보인다. 소형 토스트와 네모난 빵으로 파테나 향을 첨가한 유채씨유를 맛보기도 한다. 수천 명이 내는 나직한 기쁨의 탄성 소리가 하나로 섞여 홀 전체에 크게 울려 퍼진다.

이런 음식 상당수가 '건강'이나 유행하는 '과민증'에 영합하는 것들이다. 가장 인기 있는 홍차 가판대 중 하나는 '체중 감량' 홍차를 선보이고 있는데, 박람회를 통틀어 육체적으로 가장 매력 넘치는 도우미들(비디오게임 엑스포 같은 남자 청소년의 세계에서 '부스 베이브booth babe'라 불리는 육감적인 모델들)이 가판대를 지키고 있다(우연의 일치는 아닌 듯). 유채씨유를 홍보하는 사내는 그가 가져온 오일이 "올리브유보다 더 건강에 좋다."라고 낙관적으로 주장한다. 유제품을 함유하지 않은 초콜릿 가판대가 있는가 하면, '무첨가free from' 빵 가판대도 있다. 여기서는 글루텐이나 밀가루, 유제품이 함유되지 않은 케이크를 전문으로 하는데, 원한다면 설탕이나 달걀마저 뺄 수 있다. (이런 것들을 모두 뺀 나머지로 만든 것에 과연 '케이크'라는 이름을 붙일 수 있는지 내 상식으로는 언뜻 이해가 안 간다.) 인스턴트식품 업계에서 가장 최근에 내놓은 아이디어 상품은 작은 곽에 넣어 판매하는 '액상 달걀 흰자위'다. 따라서 몸에 좋을 것 없다는 노른자로 뭘 해야 할지 다시는 걱정할 필요가 없단다. 또한, '의식 있는 음식'을 파는 가판대도 있어서, 나는 처음에 내가 한 입 베어 물도록 권유받는 것들이 여전히 꿈틀거리며 생각하고 있는, 살아 있는 동물이 아닐까 걱정이 되었다. 다행히도 그것은 소화불량에 우울증까지 치료한다는 '아유르베다'[i]와 관련한 것으로 밝혀졌다.

---

i ayurveda. 식이 요법·약재 사용·호흡 요법을 조합한 고대 인도의 치료 요법.

이뿐만 아니라, 강좌를 연다는 수많은 교육 기관도 진을 치고 있다. '아티잔 음식 학교'는 가장 최신에 기획한 커리큘럼을 선보이고 있는데, '베이킹' '초콜릿' '조림&절임'이 포함되어 있다. 19세기 푸디스트와 관련한 논쟁적인 책 《정찬과 정찬 파티》의 저자는 여성들에게 요리가 아닌 다른 분야에 대한 쓸데없는 교육을 시키기 이전의 황금 시대로 돌아간 것에 고개를 끄덕이며 내려다보고 있을 듯하다.

푸디스트 부엌 기구는 고가의 물건부터 어이없는 물건까지 다양하게 포진되어 있다. 최고의 선전 문구는 단연 "킨 나이브즈-킨 샤프'[i]이다. 그 밖에도 전문적인 실연자들이 몇몇 사람을 모아두고 속사포처럼 말을 쏟아 내며 구르메 치즈 밀[Gourmet Cheese Mill. 치즈 가는 도구]이나 미라클 셰미[ii](원문대로 표기. 섀미 가죽chamoi을 가리킴)를 직접 사용해 보이며 사람들 혼을 쏙 빼놓는다. 또 다른 가판대에서는 '팝업 수납 묘책'을 보여 주며 사람들을 최면 상태에 빠져들게 한다. 모터를 부착해 놓은 향신료 수납 선반은 요리대로 올라왔다가 요리가 끝나면 다시 윙 하는 소리를 내며 내려간다. 우람한 체구의 두 남자가 얄궂게도 미소를 짓는 내내, 수납 선반은 쿵쿵쿵 울리는 배경 음악에 맞춰 그들의 손 아래서 올라갔다 내려갔다 한다. 토스트 봉투(봉투에 넣은 식빵을 일반 토스트기에 구워 토스트 샌드위치를 만드는 것)라는 것도 있고, 발과 발목을 마

---

i Kin Knives-Kin Sharp. 킨 나이브즈는 영국의 칼 세소입제 이름으로, 'Kin'은 '예리하다'는 뜻의 'keen'을 연상시킨다.
ii Miracle Shammy. 주방 기구를 닦는 행주의 상표명.

사지해 주는 기구를 비롯해 안마 의자를 진열해 놓은 커다란 가판대도 있으니, 이것저것 맛보는 데 탐닉한 푸디스트의 느려진 신진대사를 촉진하기에 그만이다. 저기 우중충한 한쪽 구석에는 한 남자가 옷을 다리며 스팀 다리기 사용법을 보여 주고 있다. 내가 나이서 다이서[i](깍두기꼴로 재료를 잘라 주는 기구로, 미관상 좋아 보이기는 한다.)라는 물건을 소리치며 팔던 남자의 사진을 찍으려고 하자, 그는 사진 촬영은 금지라는 취지의 말을 단호하게 외친다. "저기요, 그러지 않았으면 좋겠군요." 나이서 다이서 남자의 목소리는 우렁차고, 퉁명스럽다. 나는 어쨌거나 찰칵 사진을 찍어 내 귀중한 영업 비밀을 중국인에게 팔겠다는 꿈을 꾸며 그 자리를 총총히 빠져나온다.

홀의 저쪽 끝에는 '레스토랑 체험Experience'이라는 게 있다. 대문자 E를 쓰는 여느 체험이 다 그렇듯, 이것은 진짜가 아니라 삭제와 편집을 가미해 진짜를 본뜬 것에 불과하다. 가판대에서는 인터콘티넨탈 호텔 내 유명 레스토랑인 '로스트Roast' '고티에 소호' '테오 랜들'의 팝업 버전을 선보이고 있다. 지름 10센티미터의 폴리스티렌 접시에 담긴 각 레스토랑의 '간판' 요리의 극히 일부를 5~6파운드[1만 원 내외]나 내고 사서 가대식 탁자에서 먹는 것이다. 하지만 영악하게도 직접 현금을 주고받지는 않는다. 먼저 돈을 빨간색 반투명 포커 칩 모양의 '정찬 통화'로 바꿔야 한다. 그러고 나서 칩을 주고 음식을 사 먹는 것

---

i Nicer Dicer. 채소 등을 주사위 모양으로 자르는 기구의 상표명.

인데(안타깝게도 칩을 가진 사람이 아무도 없다), 만약 칩이 남으면 나중에 다시 현금으로 바꿔 준다. 이런 방법으로 정찬 체험은 도박장에서 미묘하게 이뤄지는 인지적 회피[i]를 재현하고자 한다. 즉, 손 안에 들고 있는 게 돈이 아니라 칩이기에 자신이 힘들게 번 진짜 돈이라는 실감이 나질 않는다. 사정이 이러하니 도박장에 돈을 더 쏟아 붓게 되는 것이다. 이 같은 심리적 조작을 그 즉시 간파하고, 나는 정찬 통화를 딱 여섯 개 샀다. 그런데 이걸 가지고 교환한 요리라고는 '스미스필드의 스미스네' 레스토랑 가판대에서 쪼그마한 그릇에 담아 주는, 매콤한 토마토 소스로 요리한 병아리콩을 곁들인 삶은 문어와 초리소[향신료로 맛을 낸 스페인 소시지]가 전부이다. 그 맛은 놀라울 정도로 평범한데, 그도 그럴 것이 은은한 조명 아래서 고급스런 식기로 먹는 게 아니라 귀청이 터질 듯 소란한 전람회장 한가운데에서 스티로폼 그릇에 담긴 걸 먹기 때문일 테다. 어쨌거나 이왕이면 같은 가격으로 위층에 있는 '생산자 마을'에서 돼지 불고기 버거 두 개를 사 먹지 않은 게 후회된다.

아, 자동차에 대한 얘기도 빼놓을 수 없다. 홀에는 여러 대의 재규어 자동차를 전시 중인 대규모 부스가 있다. 예전 '탑기어' 자동차 쇼에서 쓰고 남은 차들 같지는 않고, 대체 그 차들이 푸디즘과 뭔 상관이 있다는 건지 가늠할 수가 없다. "재규어 알라카르트"[ii]라고 인쇄된

---

i 심리학에서 쓰는 용어로, 불안으로 인해 부정적 정서에 맥면까지 무하고 회피하는 것, 예를 들어 도박장에서 칩이 돈이라는 것을 부인하고 그냥 되는 대로 돈을 거는 상황 같은 것이나.
ii à la carte. 개개의 요리마다 가격을 책정해 놓고 선택 주문할 수 있도록 한 메뉴 차림표.

선전 문구를 제외하면 말이다(콘셉트: 메뉴에서 다양한 요리를 선택하듯 재규어 또한 다양한 모델 가운데 선택할 수 있다). 전체적으로 이번 박람회는 주로 부유한 관람객이 방문할 것으로 예상하고 있었나 보다. 관람객 대다수가 너나할 것 없이 다 살집이 좋은 건 아니지만, 대체로 돈깨나 있는 사람들로 보인다. 패션 감각이 뛰어난 젊은 커플들, 세련된 밀리터리 느낌이 나는 고가의 유모차에 아기를 태워 밀고 다니는 부모들(알다시피 푸디스트 아기들은 요즘 새롭게 떠오른 액세서리), 엄마와 함께 온 젊은이들, 혹은 들뜬 십대 자녀들과 함께 온 멋진 엄마, 아빠가 주를 이루고 있다. 이 박람회가 록 콘서트와 구별되는 것은 부모와 함께 와도 겸연쩍을 일이 없다는 거다.

어쨌든 록 콘서트와 마찬가지로 수많은 라이브 공연이 펼쳐진다. 홀의 중앙에서는 거대한 규모의 '마스터셰프 라이브 챌린지'가 마련되어 있다. 여기서 운 좋은 방문객이 텔레비전 프로그램을 본떠 만든 요리 무대 세트를 배경으로 서 있으면, 진행자가 돌면서 그들이 공들여 만든 음식을 후루룩 맛본다. 그 밖에도 '루스 요리 무대'를 비롯해 세인즈베리 슈퍼마켓 체인의 후원을 받는 '마스터셰프 시연 무대' 같은 작은 규모의 요리 무대들도 있다. 여기서 허락된 유일한 소음이라고는 맛을 표현하거나 쩝쩝 입맛을 다시는 소리뿐이라서, 커피 브랜드인 카르테 누아르가 라운지에서 마련한 기타 연주는 들을 수도 없다. 굳이 듣고 싶다면 자리에 앉아 제공되는 헤드폰을 써야 한다. 무료 좌석이 없기에 나는 헤드폰 없이 그저 연주자를 지켜보는데, 꼭 마임 공연 같다. (대단히 훌륭하다.) 전시장에서 펼쳐지는 이러한 화려한 라이브 요리 쇼들이 아주 좋긴 하지만, 그래도 바로 코앞에서, 바로 그 순간 펼쳐지는 푸디즘을 통해 받는 인상을 완전하게 경험하려고 나는 '셰프의 극장'이라는 전용 극장의 표를 예약해 두었고, 이제 그곳으로 발길을 옮겨 본다.

미리 시간이 정해져 있는 '라이브 요리 극장'의 입장권을 소지한 200명 남짓의 사람들이 줄지어 들어간 곳은 옛날식 둥근 대리석 기둥이 있는 아름다운 방. 언젠가 이곳에서 강연회나 실내악 연주회를 열었으리라는 상상을 하며 딱딱한 접이식 의자에 앉는다. 보라색 조명의 무대에는 요리를 할 수 있는 무대 세트 두 개가 마련되어 있고, 양 옆에는 "벨링, 렉Lec, 마지믹스Magimix 후원"[영국의 주방 가전 브랜드들]이라는 문구가 붙어 있어, 이 행사의 전모가 절묘하게 간접 광고 효과를 노린 게 아닌가 의심케 한다. 역시나 그러한 생각을 떨쳐버릴 수 없게 된 것은, 무대 위 설치된 대형 스크린에서 몇 분간 광고가 흘러나오기 때문이다. 지금 당장 내년 마스터셰프 라이브 쇼의 입장권을 구입하라는 노골적인 선전을 시작으로, (아이폰과 아이패드를 위한) 마스터셰프 아카데미 앱, 재규어 XJ(승용차), 그리고 후한 인심 덕분에 "적은 돈으로 잘 살 수 있다."라고 선전하는 대형 슈퍼마켓 체인 세인즈버리의 광고가 이어진다.

한참 뒤에야 생방송 텔레비전 아나운서의 열띤 목소리가 사회자를 소개한다. "세인즈버리의 후원으로 열리는 셰프의 극장에 오신 것을 환영합니다…… 진행자, 앤디 프리들랜더입니다!" 조명이 번쩍이고 관객들이 환호한다. 프리들랜더는 뉴스 진행자이자 〈셀러브리티 마스터셰프〉에서 우승 후보에 올랐던 커스티 워크, 그리고 미슐랭 스타를 받은 스코틀랜드 요리사 톰 키친이 요리하는 모습을 라이브로 보게 되리라고 전해 준다. 먼저, 작년 텔레비전 요리 프로그램에 출연해 멋진 요리를 해 내던 워크의 장면들을 흐뭇하게 편집한 영상이 흘러나오더니 그녀가 (어떤 이유에서인지) 귀청이 터질 듯한 펑크 음악에 맞춰 무대 왼쪽에서 등장한다. 얼마 후 키친이 등장하고, 둘 다 생연어로 뭔가를 요리할 거라는 설명이 이어진다. 그리고 그들이 재료를 손질하고 썰고 익히는 동안 프리들랜더는 그들과 함께 음식과 관련된 이야기를 나눈다. 키친은 굉장히 유쾌한 사람인데, 영국의 팝 가수 믹 헉널과 닮아서 꼭 그 가수의 푸근한 버전 같다. 그는 푸디스트 특유의 허세를 걷어 낸 듯 싹싹한 태도를 지닌 것처럼 보이면서도 허세를 포기하지는 않는다. (그는 "셰프의 품격이 느껴지도록" 샬롯[작은 양파의 일종]과 '마이크로 허브'를 요리에 넣을 거란다.) 워크는 으깬 감자 요리를 할 때 뜨겁게 데운 우유를 사용해야 한다는 비법을 알려 준다. 나는 그들이 요리하는 모습을 대형 스크린으로 볼 수밖에 없는데, 경사가 없는 객석 뒤에 앉아 있기 때문이려니와 대형 스크린만이 실제로 무대에서 뭘 하고 있는지 볼 수 있는 유일한 방법이기 때문이다. 사정이 이렇다 보니, 유난히 불편한 의자에 앉아 있다는 걸 제외하면 텔레비전으로 요리를 보는 경험을 그대로 재현하고 있는 셈이다.

어느 순간, 워크는 미소를 지으며 요리에 미친 대중 매체를 옹호하는, 최선의 발언일 것 같은 말을 한다. "요리는 참으로 큰 기쁨이지요. 배워서 더 잘할 수 있게 되는 거고요." 이 말은 틀림없이 사실일 것이다. 하지만 우리 문화에서 전반적으로 대중 매체가 음식에 쏟는 관심의 무게는 분명 다른 가치 있는 분야의 교육을 넘어선다. 요리를 더 잘하고 싶다면, 그냥 요리책 몇 권을 사서 연습하면 몇 주나 몇 달 뒤에는 잘하게 될 것이다. 첼로 연주나 재단 또한 배우면 더 잘하게 될 테지만, 이런 분야에 대해서는 요리처럼 대중 교육을 표방한 프로그램들이 넘쳐나지 않는다(물론 미국에 패션 디자이너 지망생을 위한 훌륭한 프로그램 〈프로젝트 런웨이〉가 있긴 하다). 실상 수많은 요리 프로그램은 리얼리티 텔레비전 프로그램의 변종으로, 이런 프로그램의 매력은 참가자들을 알아 가며 (경쟁적인 형태로) 자기가 좋아하는 참가자를 응원하는 것이다. 특히 〈나와 함께 식사해〉 같은 텔레비전 프로그램은 애초 취지와 달리 등장인물이 삼키는 실제 음식에서 점차 멀어지고 있다. 오히려 관계 속에서 일어나는 인상 깊은 에피소드를 이야기 형태로 내보내면서, 당신을 불쾌하게 만드는 사람들도 조금 더 알고 보면 아주 좋은 사람이라는 것을 반복적으로 보여 준다.

다시 '라이브 요리 극장'으로 돌아가면, 톰 키친이 얇게 저민 오이를 금속 고리를 따라 둥그렇게 줄지어 세우고는 저민 연어를 넣은 타르타르를 그 가운데에 채워 넣는다. 그가 가볍게 금속 고리를 들어 올리니 오이로 만든 벽이 굳건히 서 있다. 그러자 관객들은 "아아!" 하는 탄성을 내지르며 한바탕 박수를 치는데, 마치 펄펄 끓는 물이 담긴 팬 속에서 살아 있는 토끼를 만들어 냈다거나 혹은 커스티 워크를 반 토막으로 자르기라도 한 것 같은 반응들이다. 어디 하나 잘린 데 없는 워크가 키친의 요리를 맛보고 맛있다고 단언한 뒤, 투지 있게도 의무감에서 맛의 현상학을 표현하려고 애쓴다. "샬롯을 먹었고…… 그리고 이제 연어가 들어오네요." 하지만 이 순간이야말로 모든 텔레비전 요리 프로그램의 불가사의한 클라이맥스다. 판정가나 요리사가 우리를 대신해 완성된 음식을 맛보는 바로 그 순간. 허나 우리는 그 맛을 함께 느껴 볼 수 없다. 안타깝게도 바로 이 지점에서 가스트로포르노가 일반적인 포르노물보다 자극적이지 않음을 스스로 증명한다. 성을 다룬 포르노물의 소비자는 배우들이 느끼는 실제 감각을 직접 알 수는 없어도 유사 체험에서 올 법한 느낌을 자신에게서 동시에 이끌어 낼 수 있다. 그러나 심지어 같은 공간에 앉아 있는데도 불구하고, 그의 옆에서 요리할 수 있는 기회가 없다는 이유만으로 나는 톰 키친의 연어 타르타르를 맛볼 수 없다. 그렇지만 뭐, 텔레비전 요리 프로그램을 볼 때도 맛을 볼 기회는 없다. 따라서 모든 요리 프로그램에서 맛을 보는 마지막 장면은 호기심에 가득 찬 대리만족일 뿐이다. 프로그램 진행자 혼자서 우리를 대신해 말로 다 표현할 수 없는 재미를 느끼는 것이다. 〈프로젝트 런웨이〉를 볼 때는 매 회 마지막에 공개되는 옷에 대해 한마디씩 할 수 있다. 심사위원뿐만 아니라 우리도 그 옷을 보고 있기 때문이다. 하지만 요리 프로그램에서만큼은 우리의 감각

기관과 함께 판단 능력까지 외부에 위탁해야 한다. 가상으로 먹는 셈이다.

장 보드리야르[i]라면 실제로 먹는 것보다 가상으로 먹는 데 더 큰 비용을 지불해야 한다는 사실에 놀라지 않았을 것이다. 나는 객석 뒤에 위치한 '브론즈' 좌석에 15파운드[2만 7000원]를 내고 앉아 있는데, 앞에 있는 '골드' 좌석에 앉은 관객은 이 요리 쇼를 보자고 25파운드[4만 5000원]를 냈으니 1분에 거의 1파운드꼴이다. 30분이 좀 넘는 라이브 요리 극장은 스타에 매혹된 박수갈채와 함께 끝이 나고, 우리는 세인즈버리의 반복되는 광고를 들으며 줄지어 나가는데, 그 배경음악으로 나오는 노래가 〈Bare Necessities〉[ii]라니 기막힌 아이러니가 아닐 수 없다. 1990년 〈마스터셰프〉가 생겨난 취지의 근저에는 '음식의 민주화'가 있었다. 즉, 제작자인 프랭크 로덤(〈콰드로페니아〉[iii]의 감독이기도 하다.)은 이렇게 말했다. "당시 좋은 음식은 오로지 부자를 위한 것이었다. '아니, 잠깐, 이건 아니지. 이걸 민주화하도록 하자.' 뭐 이런 생각이었다."[1] 하지만 그의 착상에서 태어난 아기는 이제 독재를 휘두르는 괴물이 되었고, 나는 그 뱃속에 있다.

라이브 요리 극장과 비슷한 공연은 이미 예전에 상상 속에서 그려

---

i 프랑스의 대표적인 사상가 중 한 명으로, '시뮬라시옹(가장, 위장)' 이론을 통해 현실과 가상현실의 경계와 구분이 점점 모호해지면서 시뮬라시옹가 현실에 영향을 준다고 설파했다.
ii 디즈니 만화 영화 〈정글북〉의 주제곡으로, '극히 적은 생활필수품'이라는 뜻.
iii Quadrophenia. 영국의 록 그룹 더 후(The Who)가 1973년에 발표한 록 오페라 앨범을 기반으로 만들어 1979년에 상영된 영화.

진 바가 있었다. C. S. 루이스[(나니아 연대기)로 유명한 작가]가 희극적이면서 믿기 어려운 상황을 가정해 묘사한 것이다.

스트립쇼 같은 행위라면, 즉 여자가 무대에서 옷을 벗는다면 수많은 관객을 모을 수 있을 것이다. 그런데 무대 위에 덮개를 씌운 접시 하나를 갖다 놓는 것만으로 극장 하나를 채울 수 있는 나라에 갔다고 가정해 보자. 암전이 막 끝난 뒤 모두가 볼 수 있도록 덮개가 서서히 올라가자 접시 위에는 양 갈비 살이나 베이컨이 조금 놓여 있다. 이런 나라에 있다면 음식에 대한 욕구와 관련해 뭔가 문제가 있다는 생각이 들지 않겠는가?[2]

오늘날 우린 모두 그런 나라에 살고 있다. 온갖 화려한 '스타일'로 치장하고 있으나 사실상 필요 이상의 자양물로 이루어진 맛있는 음식이 무대와 스크린에서 가장 열망받는 스타가 된 그런 나라에.

황금 시간대인 지금, 늦가을의 석양이 대영 제국의 절정기에 세워진 올림피아 건물의 유리 천장을 통해 따뜻하게 비춘다. 이제 이곳을 가득 메운 대영 제국의 후대들이 혀의 미뢰가 지배하는 일종의 제국주의에 흠뻑 빠져 있다. 나는 술의 신 바쿠스의 즐거움을 위해 따로 마련된 마스터셰프 라이브의 한 구역인 '와인 쇼' 투어에 참가할 자격을 갖게 된 듯하다. 와인 잔(그것도 진짜 유리로 된 잔)을 받아 돌아다니며 여기서는 부르고뉴 와인 한 모금, 저기서는 '보르도 스타일' 랑그도크를 한 모금 마셔 본다. 여기 와인 시음 바는 꽤 붐비는 터라 사람들이 눈에 띨 만큼 공격적이 되어서는 팔꿈치로 밀치며 서로 앞으로 가려고 한다. 대다수 관람객이 일요일 내내 푸디스트로서 이것저것 맛보느라 이제 조금은 지치고 감정적이 되어 있는 듯하다. 잔의 바닥이 드러나도록 몇 잔이나 홀짝거리고는, 또 다른 곳으로 밀치고 들어가 안에 뭐가 있든 병을 기울여 따르며 점차 취해 가는 것이다. 오래전에 예약해야 참여할 수 있는, 교육을 겸한 와인 시음회를 비롯해 와인에 어울리는 음식 고르는 법(내 철학은, 음식을 먹는다, 그리고 프랑스산이기만 하다면 아무거나 좋아하는 걸 마신다.)에 관한 워크숍도 있다. 또한, 무슨 이유에서 와 있는지 도통 알 수가 없는 카타르 항공사 부스도 있다.

푸디스트 문화가 담긴 따뜻한 뱅마리에[bain-marie, 중탕기] 속에 풍덩 들어갔다 나온 경험에서 내가 뭘 배웠나, 술기운이 거의 없는 상태에서 되짚어 본다. 음, 최고의 요리사들은 냉동식품 회사인 버즈 아이의 냉동 완두콩이 사용하기에 최고의 완두콩이라고 한목소리를 내는 것 같다(갓 딴 완두콩을 재빨리 냉동해서 해동하면 '신선한' 완두콩보다 더 신선하다는 것이다). 그리고 적어도 토머스 켈러에 따르면, 올리브유로 요리하는 것은 올리브유를 낭비하는 것이다.[3] 더 일반적으로는, 커피를 맹렬히 비난하는 사람은 지루한 인간이거나 사기꾼이라는 통념이 자리 잡고 있다, 한 젊은 여자가 와인 구역에 있는 나를 지나쳐 걸어가며 연민 어린 말투로 친구에게 한 말은 푸디스트에 대한 내 상념을 깨고 만나. "조와 매시가 앉아서 쉬고 있어." 솔직히 그들을 탓하려는 건 아니다.

집에 가서 냉장고에 있는 이것저것을 털어 넣고 볶음 요리나 거하게 해 먹으련다.

2011년 방영된 〈마스터셰프: 전문가〉의 한 에피소드에서 해설자는 경건하게 설명한다. "이는 고급 정찬이니 스티브는 완두콩의 껍질을 일일이 제거해야 한다."[4] 실소가 나올 만큼 진지하지 않았다면, 현대 푸디즘의 특징을 잘 보여 주는 의미 없는 노동에 대한 집착을 훌륭한 농담으로 풀어낸 거라 여겼을 테다. (앤절라 카터가 완벽한 멜론을 찾아 헤매는 앨리스 워터스에 대해 이렇게 썼듯이 말이다. "삶에 대한 것도 아닌데, 탐식과 관련해 세세한 부분까지 골몰하며 눈이 튀어 나올 정도 관심을 보이는 것은 참으로 퇴폐적이라 생각한다.")[5] 하지만 우리 대부분이 실제로 영위하는 고급스럽지 않은 식사에서조차 음식에 더 많은 정신적 에너지를 쏟으라는 문화적 압력이 존재한다. 그리고 여기에는 음식에 대한 관심을 촉구하는 불쾌한 주장이 담겨 있다. 호감형인 현대의 '음식 모험가' 스테판 게이츠는 생방송으로 진행하는 음식 프로그램에서 '당근 악기'를 만들거나 '커스터드 파우더를 이용한 화염 방사'를 보여 주고, 양 고환 요리를 선보인 것을 무척 기뻐한다. ("내가 북런던에 살고 있는데, 거기에 터키인이 운영하는 아주 멋진 정육점이 있어요. 내가 고환 27킬로그램을 부탁했더니 좀 놀라더군요.") 그런 그도 자신의 야망이 사람들로 하여금 음식에 관해 "생각하게" 하는 거라고 밝힌다.[6] 윤리적 문제들이 일어날 수 있다는 우려는 제쳐 두더라도 이미 많은 이들이 음식에 골몰하고 있는 상황에서 정확히 어떤 이유로 우리가 그보다 더 음식에 관한 생각을 해야만 하는

가? 실업 문제나 형이상학, 혹은 헤비메탈도 아니고, 그 자체로 좋을 뿐인 음식에 관해 대체 왜 그토록 더 많이 생각하라는 건가? 조애나 블라이스먼은 영국 여성의 38퍼센트, 그리고 남성 57퍼센트가 "음식에 거의 관심이 없다."[7]라는 통계를 인용하며 마치 그들이 좀비라도 되는 듯 경악을 금치 못한다. 어쩌면 그들은 예술사나 공학 기술에 심오한 관심을 가지고 있을지도 모르는데 말이다. 음식에 관한 이들의 태평스런 태도가 음식에 미쳐 있는 자신들에게 수치를 안겨 줄 위험이 있기에, 푸디스트들은 먹는 게 삶에서 가장 중요하지 않고 아무거나 먹는 이런 거친 인간들에게 막연한 분노를 품은 채 도덕주의자라도 되는 양 저주의 말을 퍼붓는다. 이제는 음식에 관심을 갖는 것이 그 자체로 윤리적 의무가 된 것이다.

치즈와 버터를 제조하는 프랑스 회사 프레지당président이 후원한 2011년 '연구' 보고서에 따르면, 영국인은 먹는 데 하루 평균 총 39분을 할애하는데, 그 이유로 제시한 내용이 심히 우려스럽다. 다른 것에 더 많은 관심을 가진 사람이라면, 과거 선조들이 음식을 마련하고 준비하는 데 얼마나 많은 시간을 낭비했는지 비교하면서 틀림없이 이 연구 결과가 현대 문명의 놀라운 효율성을 보여 주는 지표라고 생각할 것이다. 한편, 식사 시간이 줄어들었다 함은 그만큼 사교의 시간을 잃어버린 것과 다름없다고 여기는 이들에게 이 문제는 태도의 문제가 아니라 시간의 문제이다. 그런데 타블로이드 신문 기사나 이 '연구'에 대한 작위적인 언론 보도는 이 문제와 관련해 앞뒤가 맞지 않는 결과를 흥미롭게 전한다. 영국인은 "가정과 일터에서 큰 스트레스를 받기" 때문에 먹는 데 거의 시간을 쓸 수 없다는 거다. 그래서 프레지 당사가 자문을 구한 리처드 울프슨 심리학 박사가 이 문제에 내놓은 해결책이란 게 고작 스트레스를 무시하고 먹는 데 더 많은 시간을 쏟기 위해 그 밖의 다른 것들을 희생하라는 것이었다. "우리 연구에 따르면, 영국인은 음식을 적절히 즐기는 시간을 갖지 못하고 있다."라고 울프슨은 한탄한다. "음식을 맛보고, 요리하려고 시간을 내는 것은 굉장히 중요하다. 이러한 행위가 우리의 감정과 신체적 웰빙에 영향을 미칠 뿐만 아니라 생산성에도 영향을 끼치기 때문이다."[8]

아, 생산성. 그렇게 해서 치즈 회사의 후원을 받는 심리학자는 직장과 가정생활에서 오는 일상적인 스트레스에 더해 또 하나를 덧붙인다. 슬라보이 지제크가 말한 초자아의 즐기라는 명령을 따르지 못했다며 그 위에 죄책감까지 얹어 놓는 것이다. "음식을 먹어야 할 뿐 아니라 올바른 방식으로 즐겨야 한다." 당신의 "자유 시간"(기 드보르의 지적에 따르면, 대부분의 시간을 "난폭하게 몰수"당한 끝에야 주어지는 시간)[9]은 사실 전혀 '자유'롭지 못하다. 왜냐하면, 그 시간을 먹는 즐거움에 바쳐야 하니까. 그래야 당신이 더 행복해질 거라고 치즈-심리학자는 약속한다. 그러나 더 중요한 것은, 그래야 당신의 생산성이 더 높아진다는 것이다. (더 건강할수록, 더 행복해지고, 또 그럴수록……) 다시 말해, 다음 날 일터로 돌아가 더욱 효율적으로 일할 수 있도록 에너지를 채우는 일에 기꺼이 나서야 하는 것이다. (푸디즘은 바로 이런 사람들의 신경 안정제

다.) 그리하여 직장에서도, 먹는 일에서도 즐거움을 누리지 못하는 이 시대 사람들은 저녁에는 가상의 먹기가 펼쳐지는 텔레비전을 뚫어져라 보고, 주말이면 훨씬 심화된 가상의 먹기를 생생한 실물로 지켜보고자 '마스터셰프 라이브'로 순례를 떠나고, 더 나아가 앞으로 어떻게 하면 먹는 행위를 훨씬 잘 즐길 것인지 합리적인 계획을 짜려고 전시회장의 여러 가판대를 드나든다. 그러다 보니 영광스런 생산성은 크게 향상되어 여기서 얻은 수익을 요리 준비 시간과 장인 정신이 깃든 로컬 농산물에 더 많이 투자할 수 있게 되고, 이로써 미래의 어느 날, 깨어 있는 시간 내내 오로지 일과 먹는 것에 대한 생각만으로 완벽하게 머릿속을 채우고 더할 나위 없이 행복한 정신 상태를 이루게 되어 마침내 지상에서의 시간을 마음껏 삼켜 버리며 낭비하게 된다면, 도리어 훨씬 좋다고들 할 것이다.

"결국에는
그저 음식뿐이다,
그렇지 않나?
오로지 음식뿐."

마르코 피에르 화이트, 《백열》

옮기고 나서 :
먹는 게 삶의 전부가 아니라고
외치고 싶을 때

이 책의 번역을 처음 시작했을 때만 해도, 맛집을 찾아가 음식을 먹으며 연신 감탄하는 '먹방'이 유행이었다. 출간을 앞두고 '옮긴이의 말'을 쓰고 있는 지금은 어느새 '쿡방'이 대세를 이루고 있다. 이제 우리나라에서도 스타 요리사가 하나둘 탄생하고 있고, 텔레비전 채널을 돌리면 요리를 전면에 내세운 예능 프로그램들이 동시간대에 방영되고 있다. '먹방'과 '쿡방' 열풍은 쉬이 사그라질 줄 모르고 끊임없이 진화하며 대중의 이목을 끌고 있다. 또 다른 한편에서는 문화평론가들이 이러한 현상을 진단하는 글을 쏟아내고 있다. 한 대중문화평론가는 "요리가 살림의 영역에서 문화의 영역으로 넘어왔고, 쿡방이미국, 유럽, 일본 등의 사례를 봐도 하나의 장르로 남아 있다"고 전한다. 자, 그렇다면 이제 막 쿡방 열풍이 불기 시작한 이 시점에서 밖으로 눈을 돌려 보면 어떨까?

영국의 칼럼니스트이자 문화와 관련된 여러 권의 책을 펴낸 이 책의 저자 스티븐 풀이 전하는 바에 따르면, 영국에서는 먹방, 쿡방에 이어 라이브 요리 쇼까지 인기를 끌고 있다. 아이돌 가수의 라이브 공연을 보러 가듯 스타 요리사가 요리하는 모습을 직접 보러 '라이브 요리 공연'에 가고, 스타 요리사가 등장하면 아이돌에 버금가는 환호성이 들린단다. 영국의 대중문화나 요리에 관심이 있다면 제이미 올리버와 고든 램지 같은 영국 스타 요리사의 이름을 들어 본 적이 있을 것이다. 이들의 영향력은 대중문화를 넘어서 국가 정책에까지 반영될 정도이고, 스타 요리사가 요리책을 내면 날개 돋친 듯이 팔린다고 한다.

이들 요리사는 물론 영양학자를 비롯해 음식과 관련된 일에 종사하는 많은 이들이 자주 인용하는 말이 있다. "당신이 먹은 음식을 말해 보라. 당신이 누구인지 알려 주겠다." 미식가로 유명한 브리야 사바랭은 당신이 먹은 음식이 당신이 속한 계급을 보여 주고 당신의 미학적 감수성을 드러낸다고 주장한다. 미식가와 요리사, 심지어 영양학자까지 경구처럼 떠받드는 이 말은 "당신이 먹는 음식이 곧 당신이다."라는 캐치프레이즈가 되어 음식이 얼마나 중요한지 선전하는 데 일조한다.

이 책의 저자는 미식가와 요식업계 종사자가 떠받드는 경구를 전면으로 부정하며, 음식에 집착하는 문화의 내면세계를 들여다본다. 그는 서구의 문명이 "음식의 시대"에 살고 있다면서, 오로지 목구멍으로 넘어가는 것에만 집착한 나머지 어리석어지고 있다고 일갈한다. 그는 "당신이 먹은 음식이 곧 당신은 아니다."라고 부정하는 것을 넘어, 음식에 대한 과도한 몰두를 기행이나 퇴폐의 징조로 받아들인다.

그렇다고 그가 이 책을 통해 가족을 위해 정성스레 차린 따뜻한 밥상의 가치를 폄하하거나 매일매일 밥상을 차리는 수고에서 벗어나 (비록 돈을 내긴 하지만) 전문 요리사가 차려 준 요리를 맛보는 외식의 기쁨을 앗아 가려는 것은 아니다. 그가 비판하는 대상은 음식의 준비와 소비를 지나치게 중시하는 경향을 일컫는 푸디즘과 그 신봉자들인 푸디스트이다. 이들은 음식을 그 자체로 즐기는 것이 아니라, 끊임없이 새로운 유행을 만들어 내 그릇된 우월감을 키우고 뒤틀린 욕망을 부추긴다. 저자는 이러한 푸디스트들의 행적을 집요하게 쫓으며 그들의 이면을 낱낱이 보여 준다. 음식이 삶에 의미를 선사할 뿐 아니라 예술 그 자체라고 우기는 요리사, 자신의 이미지를 앞세워 요리책을 펴내는 유명인사, 그리고 우리가 먹는 대로 된다고 주장하는 영양학자의 행태를 꼬집으며, 그들이 푸디즘을 통해 얻는 이익도 폭로한다. 그 와중에 분자 요리를 위시한 희한한 미식에서부터 팝업 레스토랑처럼 특이한 레스토랑 운영 방식까지 유행의 최전선을 엿볼 수 있다.

사실, 음식은 저자가 말하듯이 오늘날 유일하게 광적인 집착에 가까운 정도로 마음껏 빠져도 지탄받지 않고 섭취 가능한 물질로 남아 있다. 게다가 불황의 그림자가 짙게 드리워질수록 사람들은 가장 가까이에 있는 음식을 통해 위로받으려는 심리가 강해진다. 그러다 보니, 음식에 빠지는 것은 전반적으로 관대하게 생각하는 듯하다. 아니 오히려 음식에 관심이 없다고 말하면 삶을 즐길 줄 모르거나, 더 나아가 삶에 대해, 자기 자신에 대해 관심이 없다고 말하는 것처럼 여기는 분위기다.

그래서일까? 그는 자신의 주장을 확고하게 펼치기 위해 미셸 푸코, 롤랑 바르트, 슬라보이 지제크 등 철학가를 대거 인용하는데, 그러한 다양한 논의는 음식이 문화뿐 아니라 사람들의 의식에까지 얼마나 깊숙이 침투했는지 보여 주며 책을 풍성하게 채운다. 또한, 문화 전반을 뜯어보며 음식을 고차원적인 문화의 형태로 재탄생시키고자 음식에 부여한 다양한 코드를 끄집어낸다. 음식과 결탁한 주제로는 영성, 예술, 역사, 패션, 자연, 윤리, 심지어 성적인 코드까지 다양한데, 이런 것들이 모두 뭉뚱그려져 '미식 문화'로 포장된다. 원서의 부제에 등장하는 가스트로컬쳐gastroculture는 일반적으로 미식 문화로 번역하는 추세지만, 직역하자면 '위장' 문화가 되겠다. '위장'이 중심이 되는 문화, 머리나 가슴은 무시한 채 오로지 자신의 배만 채우면 되는 위를 중심으로 돌아가는 문화라니 오싹하지 않은가.

하루 일과를 마치고 텔레비전을 틀었는데, 오늘도 어김없이 먹방과 쿡방이 시선을 끌어당긴다. '셰프'가 등장해 평범한 재료로 눈까지 즐겁게 하는 음식을 뚝딱 만들어 내면 진행자는 연신 엄지를 치켜세우고, 맛집 순례에 나선 진행자는 음식을 먹으며 황홀한 표정을 짓는다.

멍하니 그런 방송을 보고 있다가도 문득 요리를 배워야 할 것 같은 압력을 느끼거나, 저런 것 정도는 먹어 봐야 삶을 제대로 즐기며 사는 것 같다는 생각이 든다면, 저자의 주장에 귀 기울여 봄직하다. 저자는 어쩌면 잠수함의 토끼, 갱도의 카나리아처럼 문화에 나타난 위험 징후를 누구보다 먼저 예민하게 감지하고 있는지 모른다. 푸디스트들이 지칠 줄 모르고 퍼뜨리는 메시지, "당신이 먹는 음식이 곧 당신이다."라는 말에 조금이라도 의구심이 든다면, 아니면 여전히 나는 내가 먹은 음식이라고 믿고 있다 해도, 해박한 지식으로 무장해 푸디즘의 세계를 파헤친 이 책이 흥미롭게 다가올 것이다.

혹은, 별 생각 없이 잘 지내고 있는데 어느 날 갑자기 아내의 눈초리가 따갑게 느껴진다거나(요리까지 잘하는 남자 연예인들 때문에), 매일 밥상을 차리며 가족의 평가에 일희일비하는 스트레스에서 잠시 벗어나고 싶을 때, 삶은 먹는 게 전부가 아니라고 외치는 이 책을 식탁 위에 슬쩍 올려두면 어떨까. "미식가보다는 지금 자기 앞에 놓인 이 평범한 일상을 강렬하게 맛볼 수 있는 사람이 되어야만 한다."라는 소설가 김연수의 말을 곁들여도 좋겠다. 그는 글 쓰는 일을 두고 이렇게 말했지만, 저자의 주장과도 절묘하게 들어맞으니 말이다.

마지막으로, 먹방과 쿡방이 우리 삶의 깊숙한 곳까지 파고들고 있는 시기에, 이 책이 우리 사회를 비춰 볼 수 있는 거울이 되길 바란다. 무엇보다 우리 사회의 식을 줄 모르는 먹방과 쿡방 열풍을 보면, 이 책에서 지적하는 몇몇 위험해 보이는 징후가 그저 남의 나라 이야기로만 읽히지 않는다. 옮긴이는 "당신이 먹은 음식이 곧 당신은 아니다."라는 원제를 여러 번 곱씹는 것으로도 이러한 열풍 속에서 중심을 잡는 데 도움이 되었다. "셰프님"의 명성을 등에 업은, 예술가적 장인 정신이 깃든 음식을 먹어 봐야 문화를 향유하고 삶을 즐길 줄 아는 사람이 되는 것은 아닐 것이다. 텃밭에서 갓 따낸 신선하고 향기 나는 유기농 채소를 먹는 것만으로 맑고 향기로운 사람이 될 수는 없을 것이다. 우리가 먹는 것이 곧 우리는 아닐 테니까.

다른 나라 음식 번역에 빠져
내 집 밥상에 무심했던 날들에도
격려를 아끼지 않는 가족에게
감사의 마음을 전하며

2015년 10월 정서진

⊗ 참고문헌

Adorno, Theodor, *Negative Dialectics* (1966; New York, 2005)

Adorno, Theodor, and Horkheimer, Max, *Towards a New Manifesto* (London, 2011)

Allan, Tony, *Virtual Water* (London, 2011)

Anon. ('G.V.'), *Dinners and Dinner-Parties* (London, 1862)

Aquinas, Thomas, *On Evil*, ed. Richard J. Regan and Brian Davies (Oxford, 2003)

Barr, Ann, and Levy, Paul, *The Official Foodie Handbook* (London, 1984)

Barthes, Roland, 'Towards a Psychosociology of Contemporary Food Consumption' (1961), in Carole Counihan and Penny Van Esterik, (eds.) *Food and Culture: A Reader* (1997; New York, 2008), 28–35

Blackwood, Caroline, and Haycraft, Anna, *Darling, You Shouldn't Have Gone to So Much Trouble* (London, 1980)

Blumenthal, Heston, *The Fat Duck Cookbook* (2008; London, 2009)

—, *Heston's Fantastical Feasts* (London, 2010)

—, *Heston Blumenthal at Home* (London, 2011)

Blythman, Joanna, *Bad Food Britain* (London, 2006)

Boulestin, X. M., *Myself, My Two Countries* . . . (London, 1936)

Bourdain, Anthony, *Kitchen Confidential* (2000; London, 2004)

—, *A Cook's Tour* (2001; London, 2004)

—, *Medium Raw* (London, 2010)

Brillat-Savarin, Jean Anthelme, T*he Pleasures of the Table* (London, 2011)

Buchanan, Allen, *Better Than Human* (Oxford, 2011)

Burton, Robert, T*he Anatomy of Melancholy* (1621; Glasgow, 1824).

Child, Julia, *My Life in France* (2006; London, 2009)

Clapp, Jennifer, *Food* (London, 2011)

Dahl, Sophie, *Miss Dahl's Voluptuous Delights* (London, 2009)

David, Elizabeth, *A Book of Mediterranean Food* (1950; London, 1958)

Debord, Guy, *Society of the Spectacle*, trans. Donald Nicholson-Smith (1967; New York, 1994)

Deighton, Len, *Action Cook Book* (London, 1965)

Derrida, Jacques, 'Il faut bien manger; ou, Le calcul du sujet', in Derrida, Jacques, ed. Weber, Elisabeth, *Points de suspension: Entretiens* (Paris, 1992), 269-301.

Douglas, Norman, *Venus in the Kitchen* (1952; London, 1971)

Driver, Christopher, *The British at Table 1940–1980* (London, 1983)

Ehrlich, Max, *The Edict* (London, 1972)

Escoffier, A., *A Guide to Modern Cookery* (London, 1907)

Fearnley-Whittingstall, Hugh, *A Cook on the Wild Side* (London, 1997)

Foer, Jonathan Safran, *Eating Animals* (London, 2009)

Gilbert, Elizabeth, *Eat, Pray, Love* (London, 2006)

Goldacre, Ben, *Bad Science* (London, 2008)

Goody, Jack, *Cooking, Cuisine, and Class* (Cambridge, 1982)

Gottlieb, Julie V., and Linehan, Thomas P., *The Culture of Fascism: Visions of the Far Right in Britain* (London, 2004)

Henderson, Fergus, *Nose to Tail Eating: A Kind of British Cooking* (London, 1999)

Holford, Patrick, *The Optimum Nutrition Bible* (1997; London, 1998)

—, *Patrick Holford's New Optimum Nutrition Bible* (London, 2004)

Johnston, Josée, and Baumann, Shyon, *Foodies: Democracy and Distinction in the Gourmet Foodscape* (New York, 2010)

Jones, Lucien, *The Transparent Head* (Cambridge, 2006)

Kalaga, Wojciech H., and Rachwal, Tadeusz (eds.), *Feeding Culture* (Frankfurt, 2005)

Kass, Leon R., *The Hungry Soul: Eating and the Perfecting of Our Nature* (1994; Chicago, 1999)

Keller, Thomas, *The French Laundry Cookbook* (New York, 1999)

—, *Ad Hoc at Home* (New York, 2009)

Lamb, Charles, *A Dissertation on Roast Pig and Other Essays* (London, 2011)

Lappé, Frances Moore, *Diet for a Small Planet* (1971; New York, 1974)

Levenstein, Harvey, *Paradox of Plenty: A Social History of Eating in America* (1993; Oxford, 1994)

Lewis, C. S., *Mere Christianity* (1952; London, 2001)

Linford, Jenny, *Writing About Food* (London, 1996)

Livy, *History of Rome*, ed. Rev. Canon Roberts (New York, 1912); Perseus online edn.

McGee, Harold, *McGee on Food and Cooking* (London, 2004)

McKeith, Gillian, *Gillian McKeith's Food Bible* (London, 2008)

Marinetti, Filippo Tommaso, *The Futurist Cookbook*, trans. Suzanne Brill (San Francisco, 1989)

McWilliams, James E., *Just Food* (New York, 2009)

Newnham-Davis, Lieut.-Col., *Dinners and Diners: Where and How to Dine in London* (London, 1899)

Northbourne, Lord, *Look to the Land* (London, 1940)

Oliver, Jamie, *Jamie's Kitchen* (London, 2002)

—, Jamie's *Great Britain* (London, 2011)

Oxford English Dictionary, 3rd edn (2008); online version, September 2011

Paltrow, Gwyneth, *Notes from My Kitchen* (London, 2011)

Pennell, Elizabeth Robins, *The Feasts of Autolycus: The Diary of a Greedy Woman* (1896; London, 2003)

Pigott, Sudi, *How to Be a Better Foodie* (2006; London, 2008)

Plato, *Republic*, trans. Paul Shorey, in *Plato in Twelve Volumes*, Vols. 5 and 6 (Cambridge, MA, 1969); Perseus online edn.

Pollan, Michael, T*he Omnivore's Dilemma* (2006; London, 2007)

—, *In Defence of Food* (London, 2008)

Poole, Steven, *Unspeak* (London, 2006)

Prose, Francine, *Gluttony* (Oxford, 2003)

Raimbault, A. T., *Le Parfait Cuisinier, ou, Le Breviaire des Gourmands* (Paris, 1811)

Reichl, Ruth, *Garlic and Sapphires* (2005; London, 2006)

Robbe-Grillet, Alain, *Why I Love Barthes* (London, 2011)

Rombauer, Irma S., *The Joy of Cooking* (1931; New York, 1936)

Scapp, Ron, and Seitz, Brian (eds.), *Eating Culture* (New York, 1998)

Scruton, Roger, *I Drink Therefore I Am* (2009; London, 2010)

Sen, Amartya, *The Idea of Justice* (London, 2009)

Sinclair, Upton, *The Jungle* (1906; Harmondsworth, 1965)

Singer, Peter, and Mason, Jim, *Eating: What We Eat and Why It Matters* (London, 2006)

Slater, Nigel, *Toast* (2003; London, 2004)

Smith, Alisa, and MacKinnon, J.B., *Plenty* (New York, 2007)

Smith, Delia, *How to Cheat at Cooking* (1971; London, 1973)

Smith, Gilly, T*he Jamie Oliver Effect: The Man, The Food, The Revolution* (2006; London, 2008)

Soyer, Alexis, *The Chef at War* (London, 2011)

Steingarten, Jeffrey, *The Man Who Ate Everything* (New York, 1997)

Stelzer, Cita, *Dinner with Churchill* (London, 2011)

This, Hervé, *The Science of the Oven* (New York, 2009a)

—, *Building a Meal* (New York, 2009b)

Visser, Margaret, *The Rituals of Dinner* (Toronto, 1991)

White, Marco Pierre, *White Heat* (London, 1990)

Zola, Emile, *The Belly of Paris*, trans. Brian Nelson (Oxford, 2007)

⊗ 원주

서문: 푸드 레이브

1 〈Alex James: Cheese Saved My Life〉, 《Mirror》, 28 July 2009.

2 〈Jamie's Great Britain〉, Episode 1, Channel 4, 25 October 2011.

3 Nigella Lawson, 〈My Love Affair with Salted Caramel〉, 《Stylist》, 7 December 2011.

01 당신이 먹은 음식이 곧 당신은 아니다

1 Matt Rudd, 〈The Trouble with Being Jamie〉, 《Sunday Times》, 25 September 2011.

2 Linford, 52−3.

3 Chaniga Vorasarun, 〈Ten Top-Earning Celebrity Chefs〉, forbes.com, 8 August 2008.

4 Ann Lee, 〈Gordon Ramsay Film Debut Love's Kitchen is £121 Flop at the Box Office〉, 《Metro》, 30 June 2011.

5 Tom Mitchelson, 〈The Mousse Hunter〉, 《The Times》, 6 October 2011.

6 Allan Jenkins, 〈El Bulli: The Ultimate Dining Experience〉, 《Observer》, 19 June 2011.

7 Barr and Levy, 7.

8 www.food.unt.edu.

9 Frank Bruni, ⟨Dinner and Derangement⟩, 《New York Times》, 18 October 2011.

10 Barr and Levy, 25.

11 OED, 'foodie' n.; Gael Greene, ⟨What's Nouvelle? La Cuisine Bourgeoise⟩, 《New York Times》, 2 June 1980.

12 OED, 'foodist' n.

13 Steven Bratman, ⟨The Health Food Eating Disorder⟩, 《Yoga Journal》, October 1997.

14 Owen Gibson, ⟨TV Dietician to Stop Using Title Dr in Adverts⟩, 《Guardian》, 12 February 2007.

15 McKeith, 22.

16 위의 책, 147.

17 위의 책, 188.

18 위의 책, 199.

19 Pollan (2008), 1.

20 McKeith, 244.

21 위의 책, 18.

22 위의 책, 174.

23 A. Fasano et al., ⟨Prevalence of Celiac Disease in at-Risk and Not-at-Risk Groups in the United States: A Large Multicenter Study⟩, 《Archives of Internal Medicine》, Vol. 163, No. 3 (10 February 2003), 286 –92; Keith O'Brien, ⟨Should We All Go Gluten-Free?⟩, 《New York Times》, 25 November 2011.

24 House of Lords, ⟨Science and Technology – Sixth Report⟩, 24 July 2007, 8.40.

25 Burton, 36.

26 Chloë Taylor, ⟨Foucault and the Ethics of Eating⟩, 《Foucault Studies》, No. 9 (September 2010), 72.

27 Jon Henley, ⟨Britain's Food Habits: How Well Do We Eat?⟩, 《Guardian》, 10 May 2011.

28 McKeith, 6.

29 Goldacre, 132.

30 Holford (1997), ix.

31 위의 책, 155.

32 Holford (1997), 79; patrickholford.com

33 Holford (2004), 173, 208, 460, 357.

34 Holford (1997), 168 –74; Holford (2004), 275 –87.

35 Holford (2004), 1.

36 Patrick Holford, 〈Letter: My Right to be Called a Nutritionist〉, 《Guardian》, 16 February 2007.

37 L.M. Donini et al., 〈Orthorexia Nervosa: A Preliminary Study with a Proposal for Diagnosis and an Attempt to Measure the Dimension of the Phenomenon〉, 《Eating Weight Discord》, Vol. 9, No. 2 (2004), 154 –5.

38 Brillat-Savarin, 1.

39 위의 책

40 위의 책, 54.

41 Jay Rayner, 〈Greed isn't Bad. But Epic Meal Time's Gluttony is Just Too Much〉, 《Observer》, 11 December 2011.

42 Barthes, 33.

43 Lamb, 17.

44 Sen, 342.

45 Phil Izzo, 〈Some 15% of U.S. Uses Food Stamps〉, 《Wall Street Journal》, 1 November 2011.

46 Sean Michaels, 〈Jon Bon Jovi Opens "Pay What You Can" Restaurant〉, 《Guardian》, 20 October 2011.

47 John Prescott, interviewed on 'Future Food', 〈The Food Programme〉, BBC Radio4, 13 November 2011.

48 Adorno, 23.

49 Angela Carter, 〈Noovs' Hoovs in the Trough〉, 《London Review of Books》, 24 January 1985.

02 소울 푸드

1 Pollan (2008), 6.

2 Pollan (2006), 9, 411.

3 Fearnley-Whittingstall, 167.

4 Prose, 38 −9.

5 Henry John Todd (ed.), 《The Works of Edmund Spenser》 (London, 1805), Vol. II, 125 (《The Faerie Queene》, Book I, Canto IV, XIII).

6 Aquinas, 412.

7 B. R. Myers, 〈The Moral Crusade Against Foodies〉, 《Atlantic》, March 2011.

8 Bourdain (2000), 261.

9 Chloë Taylor, 〈Foucault and the Ethics of Eating〉, 《Foucault Studies》, No. 9 (September 2010), 77.

10 Denis Campbell, 〈How to Save School Dinners −Part Two〉, 《Guardian》, 24 October 2011.

11 Jamie Oliver, 〈This Obesity Strategy is a Cop-out〉, 《Guardian》, 13 October 2011.

12 Giles Tremlett, 〈Chefs Aim to Save the World〉, 《Guardian》, 12 September 2011.

13 Blumenthal (2008), 126.

14 Keller (1999), 209.

15 《Historia Augusta》, Commodus 11.1, at penelope.uchicago.edu/Thayer/E/ Roman/Texts/Historia_Augusta/Commodus*.html.

16 Rombauer, Foreword.

17 Sharon Hendry, 〈I Just Want to Cook a Good Roast〉, 《Sun》, 18 September 2010.

18 John Crace, 〈Maya Angelou: "I Make No Apologies for Writing a Cookbook"〉, 《Guardian》, 2 November 2011.

03 단식 예술가들

1 Julia Pine, 〈Breaking Dalinian Bread: On Consuming the Anthropomorphic, Performative, Ferocious, and Eucharistic Loaves of Salvador Dalí〉, 《Invisible Culture》, Vol. 14 (2010).

2 Barr and Levy, 6.

3 Steingarten, 384.

4 Bourdain (2000), 270.

5 'Future Food', 〈The Food Programme〉, BBC Radio 4, 13 November 2011.

6 Joanna Moorhead, 〈From El Bulli to the Family Kitchen〉, 《Guardian》, 1 October 2011.

7 〈The Week in Books〉, 《Guardian》, 25 June 2011.

8 Blumenthal (2008), 424.

9 Q, January 2012, 104.

10 Keller (1999), 292.

11 This (2009b), 99.

12 Driver, 130-31.

13 Helen Lewis Hasteley, 〈If Music Can Be Art, Why Can't Food?〉, 《New Statesman》, 5 July 2011.

14 'Future Food', 〈The Food Programme〉, BBC Radio 4, 13 November 2011.

15 John Lanchester, 〈The Mad Genius of "Modernist Cuisine"〉, 《New Yorker》, 21 March 2011.

16 Blumenthal (2010), 21.

17 〈Rolling Stones "Let It Bleed Original Artwork with Delia Smith Cake on up for Sale〉, mirror.co.uk, 22 November 2011.

18 Lanchester, 〈The Mad Genius of "Modernist Cuisine"〉, 《New Yorker》, 21

March 2011.

19 Soyer, 32.

20 ⟨Heston's Mission Impossible⟩, Episode 4, Channel 4, 15 March 2011.

21 Soyer, 97.

22 Escoffier, vii.

23 Bourdain (2001), 7.

24 Blumenthal (2008), 127.

25 위의 책, 107.

26 위의 책, 211.

27 Livy, Book 39, 9.

28 Plato, 2.372b−e.

29 Marinetti, 172.

30 위의 책, 40.

31 Livy, Book 39, 8.

32 Marinetti, 39.

33 Marinetti, 40; Blumenthal (2008), 137, 148; Jones, 42.

34 Florence Fabricant, ⟨The Future Arrives on Park Avenue⟩, 《New York Times》, 23 February 2009.

35 'Future Food', ⟨The Food Programme⟩, BBC Radio 4, 13 November 2011.

36 Marinetti, 33, 97.

04 언어로 끓인 수프

1 Robbe−Grillet, 69.

2 Barthes, 31.

3 Yeomans and Chambers, ⟨Effects of Flavour Expectation on Liking: From Pleasure to Disgust⟩, in Blumenthal (2008), 503.

4 Slavoj Žižek, ⟨Psychoanalysis in Post−Marxism: The Case of Alain Badiou⟩, 《South Atlantic Quarterly》, Spring 1998.

5 'L'Enclume', ⟨The Trip⟩, Episode 2, BBC Two, 8 November 2010.

6 Pigott, 231.

7 Ellen Jackson, ⟨Spring Lamb⟩, 《Edible Portland》, Spring 2008.

8 위의 책

9 Blumenthal (2008), 137.

10 This (2009a), 165.

11 위의 책, 175.

12 Johnston and Baumann, 26; www.alinea-restaurant.com.

13 The Spiteful Chef, ⟨My Threesome with Chef Achatz⟩, 15 April 2009, thespitefulchef.blogspot.com.

14 Reichl, 217.

15 David A. Fahrenthold, ⟨Unpopular, Unfamiliar Fish Species Suffer from Becoming Seafood⟩, 《Washington Post》, 31 July 2009.

16 Zerrin, ⟨A Food Name Change⟩, GiveRecipe.com, 18 September 2011.

17 ⟨Jamie's Great Britain⟩, Episode 1, Channel 4, 25 October 2011.

18 jamieoliver.com.

19 White, 115.

05 섹스가 흘러넘치는 접시

1 B. R. Myers, ⟨The Moral Crusade Against Foodies⟩, 《Atlantic》, March 2011.

2 Gilbert, 286-7.

3 Bourdain (2010), 198-202.

4 Jay Rayner, ⟨Oyster, Figs-Does Any Food Really Work as an Aphrodisiac?⟩, 《Observer》, 18 September 2011.

5 Slater, 244.

6 David Farrell Krell, ⟨Eating Out: Voluptuosity for Dessert⟩, in Scapp and Seitz, 78.

7 Barr and Levy, 20.

8 Susan Bell, 〈France's Songbird Delicacy is Outlawed〉, 《Telegraph》, 9 September 2007.

9 Bourdain (2010), xv.

10 Deborah R. Geis, 〈Feeding the Audience: Food, Feminism, and Performance Art〉, in Scapp and Seitz, 221.

11 John Walsh, 〈Chez Bruce〉, 《Independent》, 3 September 2011.

12 Linford, 36.

13 Newnham–Davis, 43.

14 Oliver (2002), 99.

15 White, 56.

16 Alexander Cockburn, 〈Gastro–Porn〉, 《New York Review of Books》, 8 December 1977.

17 Ehrlich, 172 – 3.

18 Linford, 13.

19 Barr and Levy, 103.

20 위의 책

21 Paltrow, 189.

22 Bourdain (2010), 84.

23 위의 책, 90 – 91.

24 Zola, 34 – 5.

25 Jay Rayner, 〈Greed isn't Bad. But Epic Meal Time's Gluttony is Just Too Much〉, 《Observer》, 11 December 2011.

26 Douglas, 126.

27 Raimbault, 92.

28 위의 책, 83.

29 Heston Blumenthal, 〈Do Yourself a Flavour Favour: Try a Bee Omelette〉, 《Times》, 6 October 2011.

30 Alice Weinreb, 〈Taste No Evil: The Dangers of the Mouth in Ancient Rome〉, in Kalaga and Rachwal, 169.

31 위의 책, 171.

32 Plato, 8.559b−e.

33 Bourdain (2001), 187.

06 유행을 집은 포크

1 Goody, 152.

2 Anon. 《G.V.》, 56.

3 Blumenthal (2008), 26.

4 Escoffier, 260.

5 Barr and Levy, 7.

6 Blumenthal (2008), 130.

7 Steingarten, 180.

8 Linford, 35.

9 위의 책, 11.

10 Pigott, 137.

11 Rachel Cooke, 〈Why Pheasant is the Only Game in Town〉, 《Observer》, 18 September 2011.

12 Vanessa Thorpe, 〈Apps Become the Secret Ingredient in the Battle of the Celebrity Christmas Cookbooks〉, 《Guardian》, 13 November 2011.

13 〈Food Fashions: Five Decades of Food Fads〉, 《At Home Taste with Marco Pierre White》, October 2011.

14 〈Gastropub RIP . . .〉, goodfoodguide.co.uk, 4 September 2011.

15 This (2009a), 4.

16 This (2009b), 109.

17 This (2009a), 176.

18 'Hipping Hall', 〈The Trip〉, Episode 4, BBC Two, 22 November 2010.

19 twitter.com/suzanne_moore/status/146705329403609088.

20 Frank Bruni, 〈Dinner and Derangement〉, 《New York Times》, 17 October 2011.

21 White, 108.

22 Anon 《G.V.》, 7.

23 Driver, 183.

24 Johnston and Baumann, xv.

25 John G. Watters, 〈The Manners of Mass Murder: Eating Fear〉, in Kalaga and Rachwal, 95 − 6.

26 Martin Caraher, 〈Bad Behaviour in the Kitchen: Blaming the Cook Not the Perpetrator!〉, Wellcome Trust seminar, 29 September 2011.

27 Sheena S. Iyengar and Mark R. Lepper, 〈When Choice is Demotivating: Can One Desire Too Much of a Good Thing?〉, 《Journal of Personality and Social Psychology》, Vol. 79, No. 6, 2000, 995 − 1006.

07 역사마저 먹다

1 Tracy MacLeod, 〈Dinner by Heston Blumenthal〉, 《Independent》, 12 February 2011.

2 Barthes, 32.

3 Lauren Collins, 〈The King's Meal〉, 《New Yorker》, 21 November 2011, 69.

4 위의 책, 68.

5 위의 책, 71.

6 〈McDonald's Prepares 1955 Burger for UK Debut〉, burgerbusiness.com, 25 August 2011.

7 A.A. Gill, 〈Table Talk: Cut at 45 Park Lane〉, 《Sunday Times》, 25 September 2011.

8 Paul Theroux, 〈Heirlooms〉, 《New Yorker》, 21 November 2011, 72.

9 〈Jamie's Great Britain〉, Episode 1, Channel 4, 25 October 2011.

10 Alan Travis, 〈Pickles to Serve up Curry College in Government Integration

Strategy〉, 《Guardian》, 18 November 2011.

11 Jamie Oliver, 〈Make Me Happy〉 (extract from 《Jamie's Great Britain》), 《Sunday Times》, 25 September 2011.

12 위의 책.

13 David Sexton, 〈Are You Ready for Another Helping of Jamie Oliver?〉, 《London Evening Standard》, 17 October 2011.

14 Collins, 〈The King's Meal〉, 《New Yorker》, 21 November 2011, 71.

08 진짜라 내세우다

1 Child, 191.

2 위의 책, 254.

3 Alison Tyler, 〈Everyone Back to Mine: Pop-up Restaurants in Private Homes are the Latest Foodie Fad〉, 《Independent》, 4 June 2009.

4 Liz Hoggard, 〈All Aboard the Number 30〉, 《London Evening Standard》, 6 October 2011.

5 Nick Wyke, 〈Take Me to the French!〉, 《The Times》, 6 October 2011.

6 위의 책

7 Lizzie Collingham, 〈Chequered History of an Ideal Food〉, 《Times Literary Supplement》, 7 October 2011, 31.

8 David, 79.

9 Dahl, 146.

10 Henderson, 57.

11 Keller (1999), 47

12 위의 책, 73.

13 위의 책, 156.

14 Blythman, 124.

15 Bourdain (2010), 108.

16 David Sexton, 〈"Chav" Ramsay Will Give Jamie and Nando's a Run for Their

Money〉, 《London Evening Standard》, 27 September 2011.

17 Mina Holland, 〈Gourmet Salt: Seasoned Cooks Know Its Place〉, guardian. co.uk, 18 November 2011.

18 Levenstein, 140.

19 David Sexton, 〈Are You Ready for Another Helping of Jamie Oliver?〉, 《London Evening Standard》, 17 October 2011.

20 Goody, 99－100.

21 위의 책, 103, 115, 130.

22 Blythman, 126.

23 Driver 인용, 16.

24 Jon Henley, 〈Britain's Food Habits: How Well Do We Eat?〉, 《Guardian》, 10 May 2011.

25 'Future Food', 〈The Food Programme〉, BBC Radio 4, 13 November 2011.

26 Barthes, 30.

27 Blythman, 51.

28 Julie Andrieu, Le B.A.-ba du chocolat (Paris, 2011).

29 Helen Pidd and Lars Eriksen, 〈Swedish Chef Leila Lindholm's Butter Fingers "Causing National Shortage"〉, 《Guardian》, 23 September 2011.

30 David Dubois et al., 〈Super Size Me: Product Size as a Signal of Status〉, 《Journal of Consumer Research》, Vol. 38, April 2012.

31 Frank Bruni, 〈Unsavory Culinary Elitism〉, 《New York Times》, 24 August 2011.

09 자연에 미치다

1 A. A. Gill, 〈Table Talk〉, 《Sunday Times》, 25 September 2011.

2 Keller (1999), 2.

3 Bourdain (2004), 245.

4 위의 책, 191.

5 Henderson, vii.

6 위의 책, 114, 143.

7 Pollan (2008), 200.

8 Scruton, 33 ; Pigott, 230.

9 OED, 'terroir' n.

10 This (2009a), 65 −6.

11 Gilly Smith, 226.

12 〈Brendan O'Neill, 〈Is Junk Food a Myth?〉, BBC News, 3 October 2005.

13 〈Food for Thought : Obesity and Addiction〉, 《Brain Briefings》, Society for Neuroscience, January 2012.

14 Levenstein, 16.

15 This (2009b), 38.

16 Goody, 169 −73.

17 Levenstein, 202.

18 Gottlieb and Linehan, 188.

19 John Paull, 〈The Farm as Organism : The Foundational Idea of Organic Agriculture〉, 《Elementals : Journal of Bio-Dynamics Tasmania》, No. 83 (2006), 14 −18.

20 McGee, 3.

21 Rob Johnston, 〈The Great Organic Myths : Why Organic Foods are an Indulgence the World Can't Afford〉, 《Independent》, 1 May 2008.

22 Peter Melchett, 〈The Great Organic Myths Rebutted〉, 《Independent》, 8 May 2008.

23 Buchanan, 51.

24 John Vidal, 〈Bolivia Enshrines Natural World's Rights with Equal Status for Mother Earth〉, 《Guardian》, 10 April 2011.

25 This (2009b), 105, 79.

26 www.food.gov.uk/foodindustry/farmingfood/organicfood/ ; 〈Ad Watchdog

Raps Organic Claims〉, BBC News, 3 March 2005.

27 McWilliams, 216.

28 Clapp, 55.

29 McWilliams, 109.

30 Johnston and Baumann, 28.

31 Rebecca Smithers, 〈Organic Food and Drink Sales Slump〉, 《Guardian》, 15 December 2011.

32 Greg Easterbrook, 〈Forgotten Benefactor of Humanity〉, 《Atlantic》, January 1997.

33 McWilliams, 115.

34 Levenstein, 199.

35 Bourdain (2010), 131-2.

36 Sinclair, 406.

37 위의 책, 407-8.

38 Levenstein 인용, 142.

10 미식의 이상향

1 Pollan (2006), 258.

2 Johnston and Baumann, 138.

3 B. R. Myers, 〈The Moral Crusade Against Foodies〉, 《Atlantic》, March 2011.

4 Johnston and Bauman, 142.

5 Alexandra Topping, 〈René Redzepi's Noma Tops List of World's Best estaurants〉, 《Guardian》, 27 April 2010.

6 Blumenthal (2008), 10.

7 Smith and MacKinnon, back-jacket blurb.

8 Singer and Mason, 156.

9 Pollan (2006), 245.

10 McWilliams, 48.

11 Allan, ix ff.

12 Tara Garnett, 〈Cooking up a Storm : Food, Greenhouse Gas Emissions and Our Changing Climate〉, Food Climate Research Network, September 2008.

13 Singer and Mason, 146.

14 McWilliams, 24 − 6.

15 Pollan (2006), 256.

16 McWilliams, 30.

17 Clapp, 31.

18 Stephanie Lacava, 〈It Takes a Village〉, 《New York Times》 Style Magazine, 1 November 2011.

19 Johnston and Baumann, 170.

20 Lappé, xiv, 3.

21 Clapp, 177.

22 Lisa Cassidy, 〈Women Shopping/Women Sweatshopping〉, in Jessica Wolfendale and Jeanette Kennett (eds.), 《Fashion − Philosophy for Everyone》 (London, 2011), 193 − 4.

23 'Future Food', 〈The Food Programme〉, BBC Radio 4, 13 November 2011.

24 Darra Goldstein, 〈Going to Extremes〉, 《Gastronomica》, Vol. 11, No. 3, Fall 2011.

25 Victoria Barret, 〈Dropbox : The Inside Story of Tech's Hottest Startup〉, 《Forbes》, 18 October 2011.

26 Jane Kramer, 〈The Food at Our Feet〉, 《New Yorker》, 21 November 2011. 80.

27 위의 책, 82.

28 위의 책, 84 − 5.

29 OED, 'forage' v.

30 Kramer, 〈The Food at Our Feet〉, 《New Yorker》, 21 November 2011, 87.

31 위의 책, 88.

32 위의 책, 90.

33 Katharine Hibbert, 〈I Eat out of Bins Too. So What?〉, guardian.co.uk, 15 February 2011.

11 대탈출

1 Blackwood and Haycraft, 211.

2 Blumenthal (2010), 21.

3 www.unilever.co.uk/brands/foodbrands/Pot_Noodle.aspx.

4 Victoria Stewart, 〈Down the Cakehole: Health Pots〉, 《London Evening Standard》, 6 October 2011.

5 〈Preview: Next's Childhood Menu〉, 《Metromix Chicago, 18 October 2011; Ari Bendersky, 〈Next Restaurant's Childhood Menu in Photos and Video〉, 《Eater Chicago》, 24 October 2011.

6 David, ix.

7 Driver, 12.

8 Johnston and Baumann, 163.

9 Goody 인용, 104.

10 David 인용, 49.

11 Richard Godwin, 〈How Food Has Become Our Security〉, 《London Evening Standard》, 12 October 2011.

12 Levenstein, 248−9.

13 Blumenthal (2011), 389.

14 Jonathan Prynn, 〈It's El Bulli for You as Best Chef in the World Publishes a Family Cookbook〉, 《London Evening Standard》, 29 September 2011.

15 Keller (2009), 1.

16 위의 책, 125.

17 White, 8.

12 신사 분들, 마칠 시간입니다

1 Keller (1999), 2.

2 Driver, ix.

3 Pollan (2008), 194 −5.

4 Yasmin Alibhai-Brown, Blythman 인용, 12.

5 Michael Pollan, 〈The 36-Hour Dinner Party〉, 《New York Times》 Magazine, 10 October 2010.

6 Blythman, 96.

7 Barthes, 32.

8 Gilly Smith, 183.

9 Blythman, xv.

10 Pollan (2008), 148.

11 Johnston and Baumann, 25.

12 Adorno and Horkheimer, 32.

13 Anon. 《G.V.》, 1, 5 −6.

14 Pennell, 3.

15 Driver, 98.

16 Delia Smith, 2.

17 위의 책, 81.

18 위의 책, 114.

19 Jon Henley, 〈First, Take Your Frozen Mash . . .〉, 《Guardian》, 14 March 2008.

20 Blackwood and Haycraft, 9, 16, 36.

21 위의 책, 37.

22 Gilly Smith 인용, 225 −6.

23 Boulestin, 131.

24 Deighton, 136.

25 John Walsh, 〈A Taste of the Action: Len Deighton's Cult Sixties Cookbook is

Back〉,《Independent》, 18 June 2009.

26 Blythman, 8.

27 White, 11.

28 Blumenthal (2008), 29.

29 Bourdain (2000), 57.

30 Poole, 238 ; Foer, 33.

31 Steingarten, 428 −9.

32 This (2009a), 12.

33 Bourdain (2010), 203.

34 Gilbert, 64

13 먹어야 한다

1 Delia Smith, 23.

2 Kass, 5 −7.

3 위의 책, 170, 186, 173.

4 Derrida, 296 −7.

5 Scruton, 144, 162.

6 Visser, 262.

7 This (2009a), 165.

8 Alain de Botton, 〈Alain de Botton's Perfect Dinner Party〉,《The Times》, 27 May 2010.

9 guardian.co.uk/discussion/comment-permalink/5683317.

10 Jane Kramer, 〈The Food at Our Feet〉,《New Yorker》, 21 November 2011, 90.

11 Thanks to Padget Powell.

12 Barthes, 33.

13 Jamie Oliver, 〈Make Me Happy〉,《Sunday Times》, 25 September 2011.

14 Johnston and Baumann, 61.

14 맺음말: 가상의 먹기

1 Henry Barnes, 〈Franc Roddam : From Parkas to the Perfect Soufflé〉, 《Guardian》, 9 November 2011.

2 Lewis, 96 (thanks to Rebecca Lambert-Smith).

3 Keller (2009), 226.

4 〈Pseuds Corner〉, 《Private Eye》, No. 1305, 13 January 2012, 30.

5 Angela Carter, 〈Noovs〉 Hoovs in the Trough〉, 《London Review of Books》, 24 January 1985.

6 'Future Food', 〈The Food Programme〉, BBC Radio 4, 13 November 2011.

7 Blythman, xv.

8 〈The 39-minute Meals〉, 《Daily Mai》l, 25 July 2011.

9 Debord, 159.

《30분 요리 30 Minute Meals》

《30분 요리사 The 30-Minute Cook》

A. A. 길 A.A. Gill

B. R. 마이어스 B. R. Myers

C. S. 루이스 C. S. Lewis

J. B. 매키넌 MacKinnon, J. B.

W. S. 길버트 W. S. Gilbert

가상수 virtual water

《가스트로노미카 Gastronomica》

가스트로포르노 gastroporn

가우초 그릴 Gaucho Grill

《가족 식사 The Family Meal》

게 아이스크림 Crab Ice Cream

게임 버드 game bird

고기 과일 Meat Fruit

고든 램지 Gordon Ramsay

고트의 홀커 Gott's Holke

고티에 소호 Gauthier Soho

《공식 푸디 안내서 Official Foodie

Handbook》

교외 주민 suburbia

구르메 치즈 밀 Gourmet Cheese Mill

구즈피쉬 goosefish

〈국제 첩보국 The Ipcress File〉

군터 폰 하겐스 Gunther von Hagens

《굿 푸드 가이드 Good Food Guide》

귀네스 팰트로 Gwyneth Paltrow

그라탱 도피누아 gratin dauphinois

그랜트 애커츠 Grant Achatz

그레이엄 커 Graham Kerr

그자비에 마르셀 불레스탱 Xavier Marcel

Boulestin

글레니스 스캐닝 Glenis Scadding

기 드보르 Guy Debord

길리 스미스 Gilly Smith

《나쁜 음식 영국 Bad Food Britain》

〈나와 함께 식사해 Come Dine with Me〉

나이서 다이서 Nicer Dicer

롤랑 바르트 Roland Barthes

루스 굿먼 Ruth Goodman

루스 라이셜 Ruth Reichl

루스 요리 무대 Luce Cooking Stage

루시 워슬리 Lucy Worsley

루시앙 프로이트 Lucian Freud

르네 레드제피 René Redzepi

리비우스 Livius

리언 캐스 Leon Kass

리처드 고드윈 Richard Godwin

리처드 울프슨 Richard Woolfson

리카르도 라리베 Ricardo Larrivée

마르코 피에르 화이트 Marco Pierre White

마르쿠스 포르키우스 카토 Marcus Porcius Cato

마르티알리스 Martial

마르틴 고트 Martin Gott

마리안느 페이스풀 Marianne Faithfull

마리-앙투안 카렘 Marie-Antoine Carême

〈마스터셰프 MasterChef〉

마야 앤절로 Maya Angelou

마이클 폴란 Michael Pollan

마지팬 marzipan

마치페인 Marchpain

마크 멜턴빌 Marc Meltonville

마크 저커버그 Mark Zuckerberg

마틴 캐러허 Martin Caraher

막스 호르크하이머 Max Horkheimer

매슈 아널드 Matthew Arnold

맷 와인가턴 Matt Weingarten

머니숏 money shot

모니카 갈레티 Monica Galetti

《모더니즘 요리 Modernist Cuisine》

《모든 것을 먹어 본 남자 The Man Who Ate Everything》

몽크피쉬 monkfish

《미각의 생리학 The Physiology of Taste》

미겔 산체스 로메라 Miguel Sánchez Romera

미라클 셰미 Miracle Shammy

《미래파 요리책 The Futurist Cookbook》

미셸 푸코 Michel Foucault

《미스 달의 관능적 기쁨 Miss Dahl's Voluptuous Delights》

《미식가 여행자 Gourmet Traveller》

《미식가의 유럽 가이드 Gourmet's Guide to Europe》

미식 과학 대학교 University of Gastronomic Science

미트 리큐어 Meat Liquor

믹 허널 Mick Hucknall

민스 파이 mince pie

바버라 카틀랜드 Barbara Cartland

바 앤 키친 bar and kitchen

박편 sheeting

반 미 Banh Mi

저녁 식사 클럽 supper club

《정글 The Jungle》

《정찬과 정찬 파티 Dinners and Dinner Parties》

정찬 통화 Dining Currency

제니 린퍼드 Jenny Linford

제이 레이너 Jay Rayner

제이미 올리버 Jamie Oliver

《제이미의 30분 요리 Jamie's 30 Minute Meals》

〈제이미의 그레이트 브리튼 Jamie's Great Britain〉

《제이미의 음식부 Jamie's Ministry of Food》

제인 크레이머 Jane Kramer

제임스 E. 맥윌리엄스 James E. McWilliams

제임스 러브록 James Lovelock

제프리 스타인가튼 Jeffrey Steingarten

조리언 젱크스 Jorian Jenks

조시 호미 Josh Homme

조애나 블라이스먼 Joanna Blythman

조엘 샐러틴 Joel Salatin

존 본 조비 Jon Bon Jovi

존 와터스 John Watters

존 월시 John Walsh

존 헨리 Jon Henley

종합예술 Gesamtkunstwerk

줄리아 차일드 Julia Child

쥘리 앙드리외 Julie Andrieu

《지구 백과 Whole Earth Catalog》

진짜와 가짜 차별주의 authenticism

질리언 매키스 Gillian McKeith

〈질주하는 식도락가 The Galloping Gourmet〉

짐 메이슨 Jim Mason

《집에서 즉석으로 Ad Hoc at Home》

찰스 램 Charles Lamb

《처칠과의 만찬 Dinner with Churchill》

초리조 chorizo

초콜릿 아시에트 Chocolate Assiette

최면 시계 hypnagogic clock

《최음제 백과사전 The Aphrodisiac Encyclopaedia》

《최적의 영양 바이블 Optimum Nutrition Bible》

《칙령 The Edict》

칠레 농어 Chilean sea bass

카르테 누아르 Carte Noire

카린 테이상디에 Carinne Teyssandier

카볼로 네로 cavolo nero

캐러웨이-앤드-색 caraway-and-sack

캐롤리 슈니먼 Carolee Schneeman

캐롤린 블랙우드 Caroline Blackwood

캔틴 Canteen

캣피쉬 catfish

커드 curd

커스티 워크 Kirsty Wark

《커스티의 핸드메이드 브리튼 Kirstie's Handmade Britain》
컨펙션 confection
컴포트 푸드 comfort food
케이퍼 caper
《코에서 꼬리까지 먹기 Nose to Tail Eating》
코코넛 배키 coconut baccy
콘루모어 conrumore
콤모두스 Commodus
콩피 confit
〈콰드로페니아 Quadrophenia〉
쿠엔틴 크리스프 Quentin Crisp
《쿡스 투어 A Cook's Tour》
쿡스트립 cookstrips
크럼핏 crumpet
크레이그 샘스 Craig Sams
크렘 프레슈 딥 crème fraîche dip
크리스토퍼 드라이버 Christopher Driver
클라레 claret
클러리사 딕슨-라이트 Clarissa Dickson-Wright
키스 플로이드 Keith Floyd
킨 나이브즈-킨 샤프 Kin Knives-Kin Sharp
타자 먹기 Manger l'autre
터베이컨에픽센터피드 TurBaconEpicCentipede
터키시 딜라이트 Turkish Delight
테루아르 terroir

테어도어 아도르노 Theodor Adorno
테오 랜들 Theo Randall
토마스 아퀴나스 Thomas Aquinas
토머스 리드 Thomas Reid
토머스 켈러 Thomas Keller
〈토요일의 부엌 Saturday Kitchen〉
톰 에이킨스 Tom Aikens
톰 키친 Tom Kitchin
트러플 truffle
트리프주의 tripeist
티카 마살라 tikka masala
파니니 panini
파르망티에 콩피 드 카나흐 parmentier de confit de canard
《파리의 배 The Belly of Paris》
파사칼리아 passacaglia
파이코 Faicco's
파타고니아 비막치어 Patagonian toothfish
파테 pâté
팔레트 다이 두 Palette d'Ail Doux
팟 누들 Pot Noodle
팡타그뤼엘 Pantagruelia
패디즘 faddism
패트릭 홀퍼드 Patrick Holford
팻덕 fat duck
《팻덕 요리책 The Fat Duck Cookbook》
퍼거스 헨더슨 Fergus Henderson
페란 아드리아 Ferran Adrià

미식 쇼쇼쇼

가식의 식탁에서 허영을 먹는
음식문화 파헤치기

초판 1쇄 발행 | 2015년 11월 25일

지은이   스티븐 풀
옮긴이   정서진

펴낸곳   도서출판 따비
펴낸이   박성경
편집   신수진
디자인   김종민

출판등록   2009년 5월 4일 제2010-000256호
주소   서울시 마포구 월드컵로28길 6(성산동, 3층)
전화   02-326-3897
팩스   02-337-3897
메일   tabibooks@hotmail.com
인쇄·제본   영신사

ISBN 978-89-98439-21-7 03380

값 15,000원